HISTOIRE

SCANDALEUSE ET ANECDOTIQUE

DE

CHARLES X.

IMPRIMERIE DE Ch. DEZAUCHE,

FAUBOURG MONTMARTRE, N° 11.

HISTOIRE

SCANDALEUSE ET ANECDOTIQUE

DE

CHARLES X.

Sujet rebelle, homme sans foi,
Des Français trop-long-temps j'ai bravé la vengeance;
J'ai tenté d'égorger mon frère dans leur roi,
Et j'ai causé les maux qui déchirent la France.

Vers mis au bas d'un portrait
du comte d'Artois en 1790.

Paris,

CHEZ LES MARCHANDS DE NOUVEAUTÉS.

1830.

AVANT-PROPOS.

Le despotisme de Napoléon, et la politique éclairée mais hypocrite de Louis XVIII avaient arrêté pendant trente-quatre ans le cours de la révolution française. Grâces à l'ineptie de Charles X, trois jours ont suffi pour lui faire regagner le temps perdu. L'œuvre n'est pas entièrement couronnée ; mais déjà nous pouvons saluer la terre promise, le vent est propice, les orages sont enchaînés et le port n'est pas loin.

Tous les Bourbons auront contribué à cet affranchissement qui les déshérite à jamais et les chasse à *coups de fourche.*

Il faut pourtant en excepter Henri IV, bon roi sans doute, mais peu constitutionnel. Il tenait son droit autant du peuple et de son siècle que de Dieu, et pourtant il arrêta comme Napoléon le cours des idées populaires. Les jours qui suivent la guerre civile voient toujours quelques hommes nouveaux; les grands seigneurs rebelles et punis font place à d'autres qui souvent arrivent au premier rang avec des opinions qu'ils n'oublient pas tout de suite. Henri IV n'en accueillit que très-peu; il laissa à ses ennemis leurs rangs et leur puissance, peut-être autant par politique que par bonté?

Richelieu commença l'œuvre, en humiliant et détruisant toutes les grandes familles du royaume.

L'arrogant Louis XIV abaissa tous les seigneurs habitués à partager l'autorité. Il éleva des hommes de *rien*, Colbert, Fabert et quelques autres. Il n'arrêta point d'abord l'é-

lan du génie littéraire et philosophique.

Les vices et l'infamie de Louis XV
rangèrent tous les esprits du parti de
l'opposition qui s'organisait, sourde
et secrète, mais juste et populaire.

Louis XVI céda au mouvement.
Il eût pu le diriger s'il avait eu assez de force pour faire obéir sa cour
et sa famille. La désertion de ses
frères et la fausseté de la reine firent le 21 janvier.

Louis XVIII fut assez adroit pour
nous faire accepter un état mixte. Il
donna un peu, se restreignit, promit ; il joua au roi constitutionnel.

Les ministres de Charles X avaient
raison, l'esprit révolutionnaire les
débordait, c'est-à-dire que la nation
voulait d'autres droits, et un autre
pacte qu'une charte hypocrite. Les
baïonnettes étrangères ne la gênaient
plus ; ses pertes étaient réparées en

partie. Il était temps de lui accorder tout ce qu'elle avait pourtant si bien acheté et de son sang et de ses sacrifices. Il fallait fixer la Charte, l'élargir; c'était une promesse, il falla remplir, la garantir. Au lieu de cela on la retire tout-à-fait, on se joue des lois et de la nation. La nation a vengé les lois.

HISTOIRE

SCANDALEUSE ET ANECDOTIQUE

DE

CHARLES X.

CHAPITRE PREMIER.

DIGNE petit-fils de Louis XV !

Et Louis XV est le roi du parc aux cerfs, du parlement Meaupeou, le sujet couronné de Cotillon I, II et III, l'imbécille rival du grand Frédéric, le dilapidateur du trésor public dont il prodiguait l'or à ses maîtresses.

Digne petit-fils de Louis XV !

Et ce n'est pas assez, il faut ajouter aussi fanatique que Charles IX, moins brave que le bâtard de Louis XIV, le fameux duc du Maine, dévot comme Orgon, ignorant comme le singe qui prenait le nom d'un port pour celui d'un homme.

Tel fut parmi nous sa majesté Charles X, *par la grâce de Dieu* roi de France et de Navarre!

Il faut avouer que par deux fois la branche des Bourbons a eu un étrange malheur. Il y avait malédiction divine. De toute la famille de Louis XIV, des enfans du dauphin, de ceux du duc de Bourgogne, il ne reste pour occuper le trône que Louis XV, le dernier qui, sous tous les rapports, dût y prétendre.

De même le destin a frappé quatre têtes pour faire arriver la couronne à Charles-Philippe, d'abord comte d'Artois.

Il naquit à Versailles le 9 octobre 1757. Le dauphin, son père, avait surveillé l'éducation de Louis XVI et du comte de Provence (Louis XVIII): Son ambition bien connue l'avait rendu quelque peu attentif à ces premiers soins auxquels était attaché l'avenir de sa maison. Charles

n'avait que huit ans lorsque son père
mourut. Aussi fut-il abandonné aux mo-
ralistes de la cour de Louis XV. Des
courtisannes choisirent ses précepteurs,
et le choix tomba sur des hommes perdus
de débauche. Les c......... de la cour
voyaient dans le jeune prince un héritier
des goûts et mœurs de son aïeul; elles
s'en réjouissaient, ses maîtres y aidaient.
C'est ainsi que l'on élevait un roi
de France.

Honte, infamie éternelle au prêtre
Coëtlosquet, évêque ignorant et débauché, plus habitué aux lieux de prostitu-
tion qu'au sanctuaire! Limoges était la
ville de son siége épiscopal. Sa mémoire
n'y est pas encore tout-à-fait éteinte. Les
malheurs de son élève qu'il a préparés
de si loin, doivent lui donner un nouveau lustre. Cet abbé dont l'*Arétin*, *le
Portier des Chartreux* et autres livres semblaient être le missel et le bréviaire, fut
choisi pour former le cœur et l'esprit
d'un prince. Tous les emplois secondaires
que ses fonctions de gouverneur mettaient

à sa disposition, devinrent une récompense naturellement due aux acolytes, aux ministres de ses débauches sacrilèges,

Entouré et instruit par de tels gens, le comte d'Artois fit de rapides progrès. Aussi sa galanterie, (mot fort bien inventé pour donner à un vice l'apparence d'une vertu), sa galanterie, dis-je, ne fut-elle jamais celle des ducs de Richelieu, de Lauzun ou de Louis XIV; c'était la sale débauche d'un abbé lâche et honteux, avec quelques éclairs de l'impertinence.

A peine le comte d'Artois eut-il des sens, qu'il devint pour toutes les dames de la cour, un objet d'épouvante ou de spéculation. Hypocrite, lâche, indiscret jusqu'à la plus plate trahison, quelques-unes le fuyaient avec mépris; prince et riche, d'autres le recherchaient et achevaient l'ouvrage si bien commencé par l'évêque son précepteur.

Il était assez joli cavalier, quoique maigre et avec une physionomie muette, mais cela n'était pas assez pour compenser ses vices aux yeux de femmes qui voulaient au moins dans leurs amans de l'esprit et de la grâce. Aussi Charles n'eut-il pas d'éclatans succès à la cour. Il fut éclipsé sous ce rapport par tous les galans de l'époque ; mais il les surpassa tous chez la Gourdan, et dans les plus sales lieux de débauche. Lui-même se rendait justice ; c'est là qu'il cherchait ses maîtresses ; rien ne le charmait comme la fille de joie la plus déhontée. C'est là qu'il fixait son choix et qu'il profanait le mot *amour*. Les jésuites, dans ces derniers temps, nous ont rendu un service dont on ne leur sait pas assez de gré, sans eux le règne de Charles X eût été celui des b.......

Il y avait long-temps que le comte d'Artois avait manifesté ses goûts et achevé son éducation lorsque ses précepteurs, gouverneurs, corrupteurs, etc., reçurent la magnifique récompense des soins qu'ils lui avaient donnés. On les rétribua richement, non pas comme ils le méritaient, et le prince sortit de leur tutelle. Dès-lors il put avoir une mai-

tresse en titre. Ce fut une prétresse de
Priape, nommée Flore, qu'il alla chercher chez la Gourdan où il l'avait sans
doute déjà appréciée. Cette partie des
royales amours n'est pas la moins cu-
rieuse.

CHAPITRE II.

Le récit que nous allons transcrire est extrait des papiers d'un homme dont le public recherche les *mémoires*, M. le comte de L***, publiés sous les derniers règnes ; ces révélations n'ont pu l'être sans mutilations et sans de nombreux retranchemens. La partie anecdotique de la vie scandaleuse du comte d'Artois avait surtout souffert ; à peine en avait-on laissé subsister quelques traces, dissimulées encore par des astériques complaisans. Ces fragmens curieux nous ont été communiqués et nous y puiserons de nombreux renseignemens, sans toutefois vouloir nuire à leur publication prochaine. La lettre que nous allons citer et qui est de l'auteur des *mémoires*, y faisait double emploi, avec un récit fort spirituel et fort piquant. Nous avons été autorisés à nous l'approprier, elle est adressée au prince Louis-Joseph de Conti, l'un des plus dignes émules du comte d'Artois.

MONSEIGNEUR,

La ville compte un héros de plus ! un nom que l'on peut associer dès cet instant à ceux que la galanterie a le plus illustrés. Devinez-vous qui ? N'allez pas croire pourtant que votre très – cher cousin Charles-Philippe, se soit amendé et devienne en grandissant un nouvel Amadis ou un second Louis XIV. Il est pour quelque chose dans la farce ; mais il en est le dindon et le héros, je me trompe, l'héroïne, car il s'agit d'une femme, c'est...... je vous le donne à deviner en mille et vous allez finir par jeter votre langue aux chiens.

Or, pour vous tirer d'embarras, des grisettes de Verdun ne vous ont-elles pas fait entièrement oublier le temple dressé à Vénus dans la rue que les exploits du guet immortalisent sans doute, celle des Deux-Portes-Saint-Sauveur. Je suis sûr que vous n'avez pas oublié cette lubrique communauté, ni ses nymphes, ni sa vaste et robuste prêtresse. Vous avez nommé la Gourdan, et votre mémoire non moins fidèle a rappelé les minois piquans, de la brune Julie et d'Élisa aux yeux noirs. Je ne sais toutefois ce qui en est ; mais ses yeux se ternissent, sa peau autrefois si lisse, si soyeuse, se resserre, se gerce. Vous lui trouviez des appas, monseigneur ; à votre retour prenez garde de nous compromettre. »

Pour le moment voyez-vous au milieu de ces beautés, une grosse blonde au teint animé, à l'embonpoint assez remarquable, sans grâces et sans esprit, mais à l'œil lascif et hardi ? Que dites-vous de cette physionomie sans sourire, mais toujours prête à recevoir sans émoi un baiser sur ses joues rebondies et ses lèvres immobiles ? C'est là la déesse qui a fixé les yeux du comte d'Artois, et ce fils

de France persuadé qu'il lui fallait une
maîtresse en titre, a fait à la grosse Flore
la galante proposition de la tirer de chez
la Gourdan pour l'établir. Il était tellement enchanté de ses qualités, qu'il ne
désespérait pas de la faire accueillir à la
cour et d'élever au titre de duchesse ou
de marquise sa pauvre Lavallière, habituée jusque-là aux caresses un peu bour-
geoises des boutiquiers, et trop heureuse
de rencontrer au milieu de ses chalands
la délicatesse et la galanterie d'un étu-
diant ou d'un jeune clerc.

La voyez-vous, monseigneur, grande
dame, avec une livrée, une voiture,
dans un riche appartement, avec une
bonne cave? Que n'étiez-vous là pour lui
voir faire les honneurs de son opulence,
comme si elle eut fait encore ceux de sa
personne! C'était à mourir de rire, et le
comte d'Artois était là enchanté, émer-
veillé, nous remerciant de ce que nous
voulions bien venir chez sa maîtresse. Sa
pauvre Flore y mettait plus de bonhomie
et je crois qu'elle nous eût volontiers

traités comme autrefois chez la Gourdan. Cela devait finir par là.

Votre cher cousin est aussi avare de son argent que prodigue de son amour. Il donnait fort peu à sa nymphe ; elle avait crédit parce qu'on le voyait venir chez elle, et qu'on le sait fils de bonne maison ; mais Charles ne s'avise-t-il pas de mettre au jour son avarice ? ne veut-il pas que Flore acquitte presque seule ses immenses dettes ? Efforts de l'amour, tendres supplications, caresses, jouissances, tout fut inutile. Le comte était enchanté de sa maîtresse ; il en devenait deux fois plus amoureux ; mais il n'en était pas moins avare. Il lui savait gré de le préparer à l'ivresse des sens par celle du Champagne et du Bourgogne ; mais il ne pouvait ou ne voulait payer ni le lit, ni les verres. Que fait notre héroïne, désespérée, irritée, indignée, elle rappelle ses tant belles journées d'autrefois ; chalands sont convoqués, Priape remplace Vénus, et Flore parvient à payer les créances si mal hypothéquées sur l'amour du prince.

Oh ! alors sa maison devient délicieuse, traitans, abbés, étudians, gens de robe, gens d'épée, boutiquiers venaient fêter ses saturnales auxquelles elle invitait d'anciennes compagnes. Le jeu couronnait l'œuvre, et le fils du roi se plaignait, se dépitait, pleurait, était jaloux et revenait quelquefois succéder à ces galans de tout étage.

Reste à vous raconter maintenant le plus beau de l'aventure.

Charles était jaloux. Il se croyait personnellement offensé par les désordres de sa trop tendre Flore ; il résolut de s'en venger. Le pauvre garçon voulut m'associer à son noble projet. Je le trouvais un peu trop leste, et puis le roi, s'il eût été moins bon homme, aurait pu le juger trop indigne d'un fils de France. C'était ce que je craignais ; mais j'offris au comte de le faire accompagner de mon cocher, de mon piqueur et de quelques-uns de mes gens. Il accepta, et le voilà parti à la tête d'une armée où figuraient un Praslin, un Blaças et quelques-autres grands noms.

Tous ces messieurs étaient déguisés, et il y en avait vraiment parmi eux à qui la blouse allait fort bien. Mais où vont-ils avec ces bâtons, ces épées, deux ou trois avec des verges et un fouet de postillon? Quel nouvel exploit appelle les fils de tant de preux?

Flore la blonde ne se doutait guère du tour qu'ils lui préparaient. Elle avait ce jour-là vingt convives à souper. Elles n'étaient que cinq femmes ; mais il y a du vin, des dés et des cartes. Il est donc probable que chacun eût perdu paisiblement sa bourse au jeu qu'il eût choisi. On était à table, lorsqu'un domestique vient annoncer à la prêtresse que monseigneur le comte d'Artois la demande. Jugez comme fut accueilli le nom d'un fils de France en pareille assemblée. Pour moi je n'en sais rien, mais à en juger par la suite il ne dut pas être salué par des vivat.

Flore sort, et va droit au prince qu'on ne lui avait pas dit être si bien accompagné. Ses premières paroles sont pour lui signifier qu'elle est libre chez elle, et le prier de se retirer. A quoi votre cousin répond par la jésuitique grimace que vous lui connaissez, et en signifiant à la belle qu'il est venu pour lui déclarer qu'elle ait à se soumettre à ses caprices, à renvoyer son monde ou à sauter par la fenêtre. C'était un peu leste. La nymphe devînt une amazone, une demi Jeanne-d'Arc, et se moqua du monseigneur qu'elle appela un crasseux, un sot, un lâche. Charles écumait, ses laquais étaient là; ils s'emparent de Flore, ils la fouettent, la maltraitent, et veulent suivant la parole de leur maître, la jeter du deuxième étage sur le pavé. J'aurais chassé mon laquais s'il eût pris part à une action aussi lâche, et je dois aux seigneurs qui s'y étaient laissés entraîner, la justice de dire qu'ils en murmuraient et pensaient à se retirer.

Mais les cris de Flore avaient éveillé l'attention des convives; ils sortaient en masse de la salle à manger, un coup-d'œil les mit au fait, et soudain ils s'ar-

mèrent et frappèrent. Il fallut se défen-
dre ; il y eut du sang de répandu dans les
antichambres et sur les escaliers. On se
sauvait comme on pouvait. Le prince, qui
s'était caché pour échapper aux coups,
se trouva abandonné des siens qui se reti-
rèrent en se défendant, et fut comme
enfermé ; on le surprit ainsi, et on voulut
se venger sur lui au risque d'encourir la
colère de la cour. Mais il se jeta à genoux,
supplia, embrassa les genoux de Flore
qui pleurait de rage et de frayeur. Ah !
monseigneur, quelle scène ! un des assis-
tans, homme d'esprit, fut le premier à
en rire, les autres l'imitèrent ; et pour
que l'affaire tournât réellement en plai-
santerie, on résolut de faire coucher en
prison le fils du roi. Il y alla, et y passa
toute la nuit à réciter des prières et à demander au ciel et aux saints pardon des
coups de bâton qu'il avait reçus.

Votre cousin n'était-il pas assez puni
comme cela ? Je l'aurais cru, moi qui ai
foi en l'indulgence du grand régulateur
du destin, comme dit notre compagnon

de débauches le *philosophe*. Eh bien pas du tout. Avant que M. de Sartines eût envoyé l'ordre de le relâcher, le comte d'Artois commença à ressentir les premières atteintes d'un mal qu'il tenait sans doute de l'un des nombreux amans de Flore, mal qui répand les terreurs, mal napolitain, rhume ecclésiastique, vous comprenez ? Il m'a fait l'honneur de me consulter le premier sur semblable matière ; il est réellement très-mal nanti et il en a pour quelque temps à pleurer ses péchés, suivant l'expression du prophète.

Adieu, monseigneur, conservez-moi votre amitié, et revenez, je vous en prie, ne fut-ce que pour consoler, et prêcher un peu votre pauvre cousin. Qu'il ait au moins l'esprit de la débauche ! Que diable, nous autres gens de qualité, devons-nous nous y livrer comme des goujats ? Nous absolument n'avons presque jamais que cela à faire, et Piron dit que bientôt nous n'aurons plus que ce moyen-là de nous distinguer de la canaille. Que deviendrons-nous si un fils de France compromet l'honneur du corps ?

CHAPITRE III.

M^{elles} Contat, Duthé, Lange.

J'AI vu à Rouen mademoiselle Contat, actrice encore inimitable et qui le cède sous certains rapports à notre Talie, comme celle-ci laisse à regretter en d'autres points plus importans aux yeux de ceux qui ont connu sa devancière. Viel amateur de comédie, ancien habitué du Théâtre-Français, pendant tout le temps que les travaux de plusieurs assemblées législatives m'avaient retenu à Paris, je cherchai à faire la connaissance de notre Thalie encore fort belle; et j'en fus reçu à merveille, et à un second voyage qu'elle

fit dans la capitale de la Normandie, j'é-
tais presque dans son intimité. Cette fois,
mademoiselle Contat avait autour d'elle
tous ses enfans. Elle les faisait amener
près d'elle fort souvent, causait avec eux,
et mêlait ainsi les soins d'une institutrice
à ceux d'une mère. Cette scène de famille fort touchante, et bien faite pour
effacer des erreurs de conduite où le
cœur avait été souvent pour quelque chose,
offrait encore une circonstance singulière.
Mademoiselle Contat donnait à chacun
de ses enfans le nom de famille de leur
père, du moins en ma présence. Ainsi
l'un s'appelait Parny, l'autre Girardin, etc.
Une fille seulement n'était jamais dési-
gnée que sous un nom de baptême. Cette
circonstance eût pu faire croire à l'incer-
titude de sa mère. J'en fis l'observation.
« Je pourrais maintenant, me dit-elle,
faire cesser d'un mot cette malicieuse remarque ; mais il fut un temps où le père
de mon.... ne m'aurait pas permis de lui
donner un autre nom. Aujourd'hui je ri-
rais de sa colère ; mais il était si sot, si

bête, si insupportable, que c'est le seul de mes amis dont je ne me soucie guère d'éterniser le souvenir. Je suis fâchée de le dire, surtout parce qu'il est à présent malheureux ; mais c'est cependant la pure vérité. » Je fis de nouvelles questions. « Connaissez, puisque vous le voulez, ce chevalier dit courtois ; c'est le ci-devant comte d'Artois. — Diable, madame, le fils d'un roi ! — Sans doute, monsieur, ni ma fille ni moi n'en sommes plus fières. Mais je vous assure pour ma part, que le comte d'Artois m'a eu bientôt guérie, même au temps de sa puissance, de la petite vanité qui m'avait un instant flattée, en le voyant attaché à mon char. D'abord c'était bien l'hommage le plus prostitué qu'il fût possible de voir à la cour ; et puis c'était une bêtise, des manières, une avarice ! en vérité, je crois que notre gros et bon Louis XVI était plus galant. » Quoique le comte d'Artois, fût à cette époque (celle du consulat) décoré du titre de Monsieur et d'héritier présomptif du trône d'Hartwell, qu'il peut aujourd'hui

céder sans trop de générosité à son prétendu petit-fils, c'était un personnage
mort pour l'opinion publique, et surtout
pour la génération actuelle. Les agens du
temps passé s'en occupaient encore quelquefois. J'étais de ce nombre : aussi j'eus
avec Émilie Contat quelques conversa-
tions à ce sujet.

Ce fut quelque temps après le mariage
du prince, qu'il s'attacha au char de
cette célèbre comédienne. Ce n'était pourtant pas la première infidélité qu'il faisait
à la couche nuptiale de Marie-Thérèse de
Savoie. Ses habitudes étaient bien connues, et quoique souvent réprimandé,
même par Louis XV, il n'en était pas
plus sage. Il y aurait quelque chose de
hideux à le suivre dans ses passions presque ordurières. Voyons-le plutôt aux genoux d'une reine de coulisse. Mademoiselle Contat fut pendant un an sa maîtresse en titre. Elle était parvenue à ex-
citer sa générosité, et à tirer de lui quelques bijoux, quelques meubles, mais peu
d'argent ; et comme tant d'autres, la puis-

sante Émilie savait calculer, et ce n'était pas seulement par amour qu'elle s'était attachée au fils de France. Elle devint grosse, et pensa que cette circonstance pourrait la faire sortir de ses habitudes. Mais à la tendre ambassade qui lui demandait des secours au nom de l'amour et de la paternité, il répondit en envoyant une somme si mince, si mince, que l'actrice indisposée la lui renvoya avec mépris, ne le revit plus et lui refusa même, comme on l'a vu, le droit de laisser à sa fille ou son nom ou rien qui pût le rappeler à son souvenir.

A Mlle Contat succéda la Duthé, actrice de l'Opéra, qui sortait à cette époque des bras d'un Anglais appelé d'Aigremont, grande et belle statue, physionomie moutonnière, qui se montra fort arrogante de compter le frère du roi au nombre de ses adorateurs. On disait alors que le comte d'Artois avait eu une indigestion de gâteau de Savoie (Marie-Thérèse de Savoie sa femme), et qu'il avait été par suite obligé de venir à Paris prendre du thé. Ce bon mot fit fortune et courut toutes les ruelles. L'actrice fut enchantée de cette publicité ; et elle se crut obligée d'étaler à cette occasion un luxe insolent. Elle était entretenue par un financier, espèce de turcaret aussi riche que débauché ; elle eut soin de le tenir dans l'ombre, et l'on crut que ses richesses, ses bijoux, ses parures lui venaient du comte d'Artois. C'est ce qu'elle voulait ; le prince y donnait volontiers la main. Il eut la sottise de consentir à passer pour être aussi prodigue des deniers publics. Le peuple prit un jour la liberté grande de lui en dire son avis. C'était aux fêtes de Longchamps. La Duthé osa y paraître en carrosse à huit chevaux et couvert de dorures. Elle fut huée, sifflée ; et on l'empêcha de se mettre en ligne. Pour comble de malheur son royal amant l'abandonna aussitôt après cette esclandre que sa sottise (1) lui avait attirée.

---

(1) Voici une anecdote qui pourra donner l'idée du genre de vie de cette demoiselle Duthé.

Mlle Contat me parla aussi de Mlle Lange, sa camarade, autre maîtresse du prince. Celle-là avait de la vertu ou pour mieux dire savait la feindre, et le força ainsi à payer ce qu'il aimait tant à se faire donner; mais elle finit par l'abandonner et le fuir comme toutes les autres. Il eut pour successeur un jeune noble de province. « Aimable jeune homme, me disait

---

Un équipage pompeux s'arrête un jour à sa porte, un jeune homme en descend, entouré de valets superbement habillés; le jeune homme monte et s'annonce pour un étranger de la plus haute distinction, et s'appuie d'une promesse très séduisante. La belle, touchée par le singulier de l'aventure, et encore plus par la somme d'argent offerte, cède aux tendres sollicitations de l'étranger, qui, lorsqu'il s'en sépara, eut soin de déposer sur la toilette une bourse très pleine. A peine était-il parti, que la Dlle Duthé ouvre la bourse et n'y trouve que des jetons de cuivre. On sut le lendemain que le prétendu Seigneur étranger était un valet de chambre qui avait pris le carosse de son maître, et avait engagé les laquais ses amis à le servir dans cette galante supercherie.

Émilie avec une sensibilité charmante, plein d'esprit et de délicatesse, il méritait mieux qu'une courtisanne. C'était un de ces nobles éclairés qui déjà semblait préparés à accueillir et à seconder la révolution. Il fréquentait les gens de lettres, venait au théâtre, en homme de goût et en admirateur de nos chefs-d'œuvre. Je ne me rappelle pas son nom; mais je sais qu'il était du Languedoc. Lange était vraiment charmante, et avait de plus un certain air de candeur et d'innocence fait pour enchanter une âme neuve et ardente. Cet amant si aimable était riche et généreux. Elle l'accueillit. Le comte d'Artois le trouva un jour chez elle et fit le jaloux; il s'emporta, mais non pas contre le rival, dont l'air martial et décidé l'intimidait. Sa colère éclata contre Lange. Elle répondit par des reproches, le prince la frappa. Son amant s'élança à lui, le repoussa avec force, et déclara qu'il vengerait à l'instant l'outrage lâchement commis envers une femme, si le comte d'Artois ne jurait de lui

en rendre raison le lendemain , indépendamment de son rang et comme il con-
vient à un gentilhomme; Charles était trem-
blant. Son adversaire avait levé une can-
ne , dédaignant de se servir de l'épée qu'il
portait. Le pauvre garçon allait recevoir
devant une femme une correction humi-
liante et cela d'un homme dont il ne
pourrait se venger , puisqu'il ne le connaissait pas. Il préféra accepter le rendez-
vous du lendemain , promit d'être de
bonne heure au bois de Vincennes et se
retira après avoir engagé sa parole.

Lange engagea en vain le bouillant
jeune homme à se calmer , à faire des ex-
cuses , à assoupir cette affaire. Il y avait
des idées d'indépendance et d'égalité dans
la tête du Languedocien; il ne voulut
rien écouter. Il fut exact à se rendre sur
le lieu du combat; mais au lieu de son
adversaire , il y trouva , avec une lettre
de cachet , M. de Sartines et cinq de ses
émissaires : le ministre s'était chargé lui-
même de la commission , par dévouement,
et pour être plus sûr d'éviter le scandale.

3

Il faillit payer cher un aussi beau zèle. Le jeune homme se défendit, et blessa mortellement deux de ses lâches agresseurs; mais il fut désarmé, puis... Où a-t-il fini ses jours? Tous les cachots ont été ouverts dans les prisons d'état, et cependant je suis assuré qu'il n'a pas revu le soleil de la liberté. C'est ainsi que se vengea une fois le père de ma fille!

CHAPITRE III.

Les petits-fils de Louis XV n'avaient aucune influence à la cour de ce monarque livré entièrement à l'empire de ses royales courtisannes. Ils ne pouvaient que donner des espérances à la nation en s'éloignant des goûts voluptueux et prodigues de leur aïeul. Telle fut la conduite de Louis XVI, prince élevé en honnête homme. Le comte de Provence avait le penchant le plus prononcé pour le despotisme, mais il était fin, il envisageait les événemens et la marche des esprits avec les lumières d'un esprit cultivé ; quoique ambitieux, et la tête remplie d'idées féodales, il a fini par devenir l'auteur de la première charte qui ait formé un contrat solide entre la nation et le trône. Cette connaissance des

choses, cette habileté dont les contemporains et la postérité le loueront, il la
montra dès sa jeunesse. Le comte d'Artois
fut aussi, dès qu'il parut dans le monde,
le partisan le plus ignorant et le plus ou-
tré des idées absurdes qui faisaient de
trente millions d'hommes autant d'êtres
créés pour le caprice d'une race légitime.
Fort de cette opinion et des droits de sa
naissance, il ne se mettait nullement en
peine de se rendre digne du haut rang où
il se trouvait placé. Il ne se mit jamais
en peine de réparer les torts de son éducation ; et chaque fois qu'il se trouva placé
entre la cour et le peuple, il traita toujours celui-ci avec le dernier mépris. Du
reste, le jeu, la chasse, les parties de
plaisir, occupaient avec la débauche toute
sa vie. Nous l'avons vu sordide dans ses
amours, se faire mépriser de toutes celles
à qui il offrait son hommage, une sotte
vanité le portait, malgré son avarice, à
étaler d'autres fois le plus grand luxe, et
à obérer de ses dettes uniques le trésor de
l'état ; car c'était encore la nation qui

payait les dépenses des princes, et le comte
d'Artois n'a jamais compris qu'elle pût ou
s'en dispenser, ou même le restreindre
sur ce point. Charles X même ne le com-
prenait pas : aussi avec une liste civile de
25 millions, avait-il contracté 46 millions de dettes.

Lorsque Louis XVI fut roi , ses frères
plus rapprochés du trône eurent plus d'influence. Ils s'en servirent pour perdre le
pauvre monarque. Le comte de Provence
donna peut-être de bons conseils, mais
il les donna mal. Le comte d'Artois ne fit
que des sottises; mais n'anticipons pas sur
les événemens. Les premiers griefs qu'eut
à lui reprocher Louis XVI, furent ses
débauches continuelles, les spéculations
niaises qui le rendaient la dupe de joueurs
ou de courtisans habiles ; ce furent aussi
sa brutalité, son impertinence féodale envers tout ce qui était peuple.

Il n'était pas encore question de ré-
formes qui plus tard répugnèrent tant à
ses principes, qu'il se montrait habile à
mécontenter la nation et à achever de

ruiner le respect que l'on portait à sa famille déjà si bien compromise par les dernières années de Louis XV, dont les excès avaient donné le plus grand poids à l'opposition philosophique.

Nous lisons dans un auteur contemporain, dont le témoignage fait autorité (Bachaumont) : « Le comte d'Artois aimait beaucoup la paume. Il y jouait dans les jeux les plus renommés de Paris. Un jour qu'il était de mauvaise humeur contre la galerie, il ordonna qu'on fît sortir le public, en se servant d'expressions très-indécentes, SUIVANT SA LOUABLE HABITUDE, ces bougres-là, ces jean-f.... là, etc. Un seul officier demeura. Est-ce que vous n'avez pas entendu ce que j'ai dit ? lui cria le comte d'Artois. — Oui, monseigneur, répondit l'officier, mais comme je ne suis ni un bougre, ni un jean f.... je suis resté. » On sait comment le prince en agissait avec ceux qui lui résistaient. Ce n'était pas à la manière de Henri IV ; mais quels sentimens voulait-on qu'un tel langage et une semblable conduite inspirassent à la nation ?

On avait fondé des espérances sur l'heureux naturel et les vertus du Dauphin, fils de Louis XV. Après lui, ses deux fils aînés semblaient destinés à les réaliser en sa place, et ils avaient succédé à cette popularité si tristement interrompue par une mort prématurée. Dès cette époque, Charles-Philippe parut destiné à être le malheur des siens et à préparer leur perte. S'il s'est perdu lui-même, ce n'est qu'après avoir causé la mort de l'honnête Louis XVI. Ce prince gémissait des torts de son frère et surtout de ses prodigalités. En 1782, lorsque le roi d'Espagne appela ses alliés et les braves de tous les pays à la conquête de Gibraltar, le comte d'Artois alla passer huit jours à ce camp de Saint-Roch, où l'on ne se distingua guère que par le luxe, et où l'on ne semblait réuni que pour des fêtes. Il était là dans son élément, aussi y gagna-t-il je ne sais à quel jeu, la croix de Saint-Louis qu'on lui donna à son retour.

Alors commençait à se montrer la manie des chevaux anglais, des paris et des courses, à la mode de nos voisins. Le comte d'Artois voulut spéculer sur cette nouvelle mode, et il acheta pour y réussir, un cheval anglais qui lui coûta, dit-on, près 40,000 livres. Il se flattait avec cela de ruiner tous ses rivaux. Il y eut en effet une grande course entre son cheval et celui du duc de Chartres. La cour y assista, les paris étaient nombreux, la reine avait parié pour son beau-frère. Celui-ci demanda au roi de parier aussi pour lui. Le bon Louis XVI y consentit, et déclara même qu'il irait jusqu'à risquer un petit écu. Excellent homme ! pourquoi sa faiblesse ne lui permit-elle que des sarcasmes innocens et insuffisans pour réprimer les désordres et les folles prodigalités de tout ce qui l'entourait. Un accident arriva au cheval du comte d'Artois, il perdit le prix et le coursier qui lui avait coûté si cher ; il fut obligé de le revendre, estropié qu'il était, pour moins de cent écus.

L'une des aventures les plus connues de la jeunesse du comte d'Artois, est son duel avec le duc de Bourbon, et certes ce n'est pas encore un trait dont il puisse s'honorer. Au bal de l'Opéra, il fut reconnu par la duchesse; irrité de cette légère indiscrétion qu'elle n'avait pas rendue publique, il arracha brutalement le masque d'une femme, et quoique reconnaissant une princesse du sang, il la frappa au visage. Le prince de Condé exigea que son fils demandât réparation de cet affront. La voix publique était pour lui, et le comte d'Artois fut obligé de la lui accorder; aussi, malgré les obstacles que voulut y mettre la cour, et surtout la reine, ils se battirent au bois de Boulogne, mais sans résultat fâcheux de part ni d'autre. Les témoins les séparèrent. Le duc de Bourbon reçut un autre genre de réparation qui était bien au moins aussi flatteur.

« Le public se déclara contre le comte » d'Artois; et comme la reine avait pris » parti pour lui, elle eut part à cette es- » pèce de disgrâce. En entrant dans sa

» loge, à l'Opéra, elle entendit pour la
» première fois des murmures. »

On s'étonne sans doute de voir Marie-Antoinette prendre parti pour l'insolent agresseur d'une femme. Ce n'était pas d'ailleurs la première fois qu'elle montrait cette partialité à son beau-frère, et l'histoire ne saurait l'absoudre de l'infâme accusation qui plana sur elle, et à laquelle il nous faudra revenir.

CHAPITRE IV.

L'AVENTURE que nous allons raconter se
trouve déjà dans les mémoires imprimés
de l'un des seigneurs de la cour de
Louis XVI. Seulement le dindon de la
farce n'y est désigné que par des astériques. Nous sommes assurés que ce personnage n'est autre que le comte d'Artois,
et à ce titre nous avons le droit de repro-
duire le récit du comte de Lauzun.

Une dame anglaise aussi libre dans sa
conduite que le wigh le plus indépendant
le fut jamais dans ses opinions, lady Barrimon se trouvait alors à la cour de France
et aimait à s'y voir entourée des homma-
ges de nombreux soupirans. De ce nombre était l'aimable et spirituel comte de

Lauzun, il prétendit un instant à posséder seul ce trésor de beauté et d'amour. La vertu de la dame s'en accommodait mal, et entre autres rivaux qu'elle eut bientôt donnés à Lauzun elle admit à cet heureux titre le comte d'Artois.

Lauzun se montra jaloux. C'était un des compagnons les plus assidus du prince, commençant comme Henri V d'Angleterre et devant finir comme Charles de France; mais de l'amitié il n'en fallait pas demander à un âme comme celle de son rival; s'il éclatait et s'il se vengeait, fut-ce avec esprit et ménagement, Lauzun avait fort à craindre d'attirer sur lui quelque lâche outrage ou quelque indigne violence. Toutes ces démarches eurent donc pour objet d'attaquer le cœur de l'inconstante qui le trompait. Pour le coup je crois qu'il oublia d'être courtisan en lui faisant le portrait du comte d'Artois; et à sa grande surprise la belle lady abonda tout-à-fait dans son sens, lui fournit de nouveaux traits enchéris encore sur les mots de niais et d'imbécille. « Que voulez-vous ?. disait—elle à Lauzun étonné , il m'importait de connaître quelques secrets d'état. Il ne tiendrait qu'à moi de vous dire que j'ai pris le comte par vanité , j'aime mieux vous avouer qu'il y avait dans mon amour de la diplomatie , mais je vous assure que vous êtes bien vengé. J'avais préféré le plus jeune des frères du roi , parce qu'il est le moins mal bâti de son épaisse famille , mais en revanche il est sur tout ce que je voulais savoir, d'une nullité complète. Pour toute découverte il m'a appris qu'on avait des doutes sur la vertu de la reine et qu'il se croyait sûr de la fidélité de sa femme. Mon cher Lauzun, je vous promets un redoublement de tendresse si vous me débarrassez à présent de votre ennuyeux prince. »

Rassuré par cette franchise, l'amant songea sérieusement à mystifier son rival, c'était tout ce qu'il pouvait faire. Une lettre de lady Barrimon donna rendez-vous au comte d'Artois sur la place Louis XV pour la nuit suivante. C'était au mois de décembre et il gelait fort , et pour comble de bonheur une pluie fine et de verglas vint à tomber sur le soir. Voyez-vous maintenant le galant prince soufflant dans ses doigts, pestant, jurant sur la place destinée à immortaliser le nom de son aïeul? Si par un remords la cruelle lady était venue le renvoyer chez lui, certes elle eût été traitée plus mal que la comédienne Lange. Heureusement pour elle, elle ne sentit aucun remords, et ce fut ce prince qui s'achemina vers sa demeure. Il frappa, frappa, frappa. Une voix d'homme imitant le parler anglais, sortit menaçante du boudoir de mylady et avertit l'importun qu'il allait aviser, s'il ne se taisait, aux moyens de le forcer à déguerpir, et le comte qui, sûr de sa bonne fortune, avait renvoyé sa voiture, fut obligé de retourner à pied par le froid et la pluie, circonstance qui dut le mettre pour quelque temps en garde contre de semblables aventures.

Henriette Wilson fit jouer chez elle le même rôle au héros de la restauration, lord Wellington. Le rapprochement est piquant , voyez les mémoires de cette courtisanne anglaise, et pour l'authenticité de notre anecdote ceux du comte de Lauzun.

CHAPITRE V.

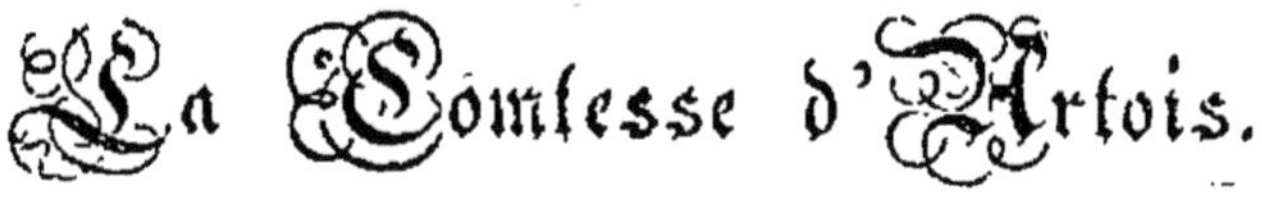

On pense bien que Marie-Thérèse de Savoie n'était pas la dernière à souffrir de l'inconduite de son époux; aussi la seule vertu qu'elle put faire briller à la cour de France fut-elle la patience. Elle avait dix-sept ans lorsqu'elle fut amenée à Paris et mariée en 1773. Après vingt-un mois de mariage elle accoucha d'un fils, Louis-Antoine, duc d'Angoulême, ci-devant dauphin de France. Le duc de Berry (Charles-Ferdinand) naquit en janvier 1778. La comtesse d'Artois eut aussi deux filles; la première mourut en 1783 âgée de sept ans, l'autre née en 1782 ne vécut que six mois.

La comtesse d'Artois mena à la cour

une vie retirée et n'y eut aucune influence. Elle passa sans doute le temps à gémir des désordres de son époux. Des brochures du temps, peut-être des libelles, veulent que sa santé aussi ait eu à en souffrir, et l'on pense que c'est là ce que Bachaumont a entendu lorsque, dans ses *mémoires*, il lui dédia un *traité du danger d'aimer trop son mari.*

Marie-Thérèse fut accusée aussi d'infliger à son époux le sort qu'il faisait subir à tant de maris et de se dédommager ainsi du tort qu'il faisait à ses charmes en les dédaignant. L'un de ses gardes, nommé Desgranges, fut l'amant que la voix publique lui assigna. Ce militaire fort beau cavalier, était de basse extraction et pourtant avait obtenu un avancement rapide. Le comte d'Artois si entiché de noblesse l'avait fait un de ses gentils-hommes. Ce n'empêcha point quelques comtesses d'Escarbagnas de le regarder comme indigne d'avoir accès dans leur société. Les camarades prétendirent à ce sujet que *les grandes dames de la cour n'étaient pas aussi délicates*. Le propos fut réfuté; au lieu de le démentir, Desgranges s'en targua comme d'un titre de noblesse suffisant pour remplacer tous les autres et il laissa croire qu'il devait sa faveur à Marie—Thérèse. Le roi fut le premier à gémir d'un tel désordre, et le comte d'Artois, tout en assurant qu'il était persuadé de la vertu de sa femme, fit mettre l'insolent à la Bastille.

CHAPITRE VI.

« Une mulâtresse , dimanche dernier ,
a attiré à Versailles , dans la galerie , l'attention de tous les courtisans et même de
la famille royale. Elle était du Cap et
libre, étant de l'union d'une blanche avec
un nègre. Elle a gagné beaucoup *à plusieurs métiers*, et arrive ici chargée des
dépouilles des riches Américains , et même
de nos jeunes Français qui ont été sur les
lieux durant la guerre. C'est la *Duthé*
et la *Gourdan* de Saint-Domingue. On la
qualifie du nom de *belle Ysabeau*. Elle
ne paraît point telle à Paris ; elle n'a pour
elle que la taille , et est vêtue avec la
dernière élégance comme nos petites
maîtresses ; ce qui la rend encore plus ridicule , au point que la reine , quoique

habituée à voir des nègres et des négresses, à son aspect n'a pû s'empêcher de s'écrier dans un mouvement de répugnance involontaire : *Ah ! que c'est laid !* » (Bachaumont).

Tel n'était pas l'avis du comte d'Artois; car c'était lui qui avait introduit pour un moment à la cour cette Gourdan d'un autre hémisphère. La belle Ysabeau était venue à Paris avec l'intention d'ajouter aux richesses acquises dans le Nouveau-Monde le tribut de la luxure et de la galanterie française. Mais ses moyens de séduction n'avaient que fort peu de succès, elle pensa qu'un amant illustre pourrait la mettre à la mode et elle fit à ce sujet des avances même pécuniaires à ce futur roi de France. On ne dit pas qu'il accepta les deux mille louis proposés pour achalander la noire syrène , mais ce qu'il y a de sûr, c'est qu'il ne se refusa point au rôle honorable qu'on lui proposait et qu'il donna publiquement des rendez-vous à sa conquête nouvelle dans sa maison de plaisance de Bagatelle.

Le succès répondit aux espérances de la belle Ysabeau. Le comte d'Artois rendit hommage à la puissance de ses charmes, et publia le plaisir qu'il avait trouvé près d'elle. Aussi toute la cour voulut-elle un moment suivre son exemple et goûter de ses jouissances que la déité faisait payer fort cher, et au moyen desquelles elle amassa à Paris une fortune supérieure à celle qu'elle possédait déjà sur sa terre natale. Tous ces détails sont tellement dégoûtans que nous nous croyons obligés de citer notre autorité ; lecteur qui doutez, voyez Bachaumont.

Il serait curieux de savoir si l'achalandeur s'arrangea de manière à profiter de la vogue qu'il avait donnée à la marchandise. Ce qui est bien certain, c'est que cette ressource n'eût pas été de trop pour lui au moment où avec ses pertes continuelles au jeu, il venait d'être si bien frustré des espérances qu'il avait conçues de son cheval anglais le *Roi Pepin*.

Heureusement il parvint quelques années plus tard, de concert avec la reine remettre les finances de l'état aux mains de M. de Calonne. Grâces à ce complaisant voleur des deniers publics, il pouvait puiser de toutes mains et toujours dans le trésor de la nation. Il ne faisait plus de dettes, en payait même quelques-unes, au point que le bon Louis XVI crut un instant que son frère était devenu économe et honnête homme.

CHAPITRE VII.

Marie-Antoinette.

Mme DE POLIGNAC.

Marie-Antoinette a été sous le rapport de la morale en butte aux accusations les plus graves. Notre intention n'est pas de les rappeler toutes. Bachaumont place dans une liste d'ouvrages qu'il suppose et que nous avons déjà eu l'occasion de citer, un *Traité du plaisir* dédié à la reine de France. L'épigramme était très-claire pour les contemporains, elle ne l'est guère moins encore pour ceux qui assistent par l'histoire et les traditions aux désordres de la cour de Louis XVI. Plusieurs ouvrages ont peint la reine de France entourée d'hommes et de femmes auxquelles elle demandait des plaisirs, des jouissances de toutes sortes. Le duc de Coigny, le baron de Vaudreuil, le beau Fersenne, madame de Lamothe, mademoiselle Dorvaty sont signalés comme les complices des débauches royales. C'est sans doute à cet entourage que Bachaumont faisait allusion lorsqu'il annonçait un *Traité de l'amitié à l'usage des souverains*, par la reine de France. Mais combien le malheur et l'expérience durent rendre cette épigramme cruelle au cœur de la pauvre Marie-Antoinette lorsqu'elle connut en effet l'amitié de ceux qui entourent les rois et se font si rarement courtisans de l'infortune. Cette réflexion nous arrêterait si la reine n'avait par ses désordres ou son imprudence donné lieu à une imputation que notre sujet nous interdit de passer sous silence.

Le comte d'Artois fut généralement accusé d'être l'un des amans de sa belle-sœur. Des chansons coururent à ce sujet, des brocards furent lancés de toutes parts contre les complices et le pauvre roi qui était si cruellement la dupe de ce qu'il avait de plus cher au monde. Lauzun cite le comte d'Artois comme le *thermo-mètre de la faveur de la reine*. Plus loin ce *mémoriographe* nous apprend que le trône de Pologne fut offert un instant au deuxième frère du roi. Charles qui se voyait déjà fort mal vu en France, avait fort envie d'aller régner sur un pays où il pourrait traiter des serfs et des esclaves à sa fantaisie. Mais la reine s'opposa puissamment au vœu de son ambition, et elle eut assez de crédit sur lui pour l'y faire renoncer.

Il est certain que leur rupture, au mo-ment de l'émigration du comte d'Artois, eut tous les symptômes de l'amour, le dépit, les supplications, les larmes, et puis la haine la plus prononcée. Publi-quement aussi usant de leur bon accord, ils se rendaient ensemble aux spectacles et ne craignaient point d'y attirer sur leur union les regards d'une foule trop dispo-sée à mal interpréter leurs relations plus que fraternelles. Le roi semble lui-même

dans une circonstance vouloir leur im-
primer un blâme public. Instruit à mi-
nuit que la reine et son frère n'étaient
pas rentrés au château , il fit donner l'ordre aux factionnaires de ne pas les laisser
entrer et de les soumettre à la consigne
comme tout autre personne. Ces soldats
obéirent ponctuellement , la souveraine
se nomma vainement , il lui fallut aller
éveiller les portiers du théâtre Monten-
sier , et passer par là pour rentrer par la
galerie qui le faisait communiquer au
château. Le comte d'Artois qui s'était
présenté , et avait été conduit en même
temps que sa belle-sœur , malgré sa colère , ses juremens , et ses imprécations ,
ne crut pas devoir se montrer avec elle
aux gens du théâtre ; mais cette prudence
fut remarquée et mal jugée. L'anecdote
devint publique. Louis XVI en marqua
à la reine du mécontentement et du mépris. Le bruit en alla jusqu'à la cour de
l'impératrice Marie-Thérèse , qui crut
devoir s'en informer d'une manière plus
précise auprès du cardinal Louis de Rohan ,

qui avait été notre ambassadeur auprès d'elle. Voici quelle fut la réponse du cardinal, telle que plus tard il la rendit lui-même publique pour se venger de sa souveraine, qui avait été ou refusé d'être ravalée au rang de sa maîtresse :

A L'IMPÉRATRICE, REINE DE TOUTES LES HONGRIES.

Madame,

Mon respect et mon zèle pour l'illustre maison d'Autriche, la vénération que vos vertus m'ont inspirée, la franchise que vous avez reconnue en moi lorsque le roi me chargea de ses sentimens auprès de vous, tout me force à remplir un ministère douloureux à mon cœur. Que n'avez-vous chargé quelque autre de cette affligeante mission ?

Il n'est que trop vrai que notre dauphine, aujourd'hui notre reine, en entrant sur le territoire de France, a totalement oublié les leçons de sagesse que vous vous étiez plu à faire germer dans son cœur. Indépendamment de son goût excessif pour le luxe, elle se livre à tous les excès de la coquetterie. Le bruit court, et il est même prouvé, qu'elle préfère son beau-frère à son époux.

Voilà tout ce que je puis vous apprendre. Puisse Votre Majesté, par ses sages exhortations, la remettre dans le sentier du devoir. Puisse mon zèle y coopérer. C'est la moindre preuve du dévouement que puisse vous donner celui qui ne cessera d'être,

Madame,

L. DE ROHAN.

La reine avait été long-temps sans avoir d'enfans, par la faute du bon Louis XVI. Sa mère, dit-on, lui avait conseillé d'avoir recours aux talens éprouvés du comte d'Artois, mais elle la blâma du scandale. On a prétendu avoir trouvé dans l'armoire de fer une lettre de Marie-Thérèse, écrite en ce sens et qui était tombée entre les mains du roi ; mais cette épitre extrêmement leste que nous avons sous les yeux, nous paraît peu authentique et composée sous l'influence de l'époque où elle fut rendue publique.

Le lecteur jugera lui-même ce qu'il doit penser sur les relations de Marie-Antoinette et du comte d'Artois. Nous nous contenterons d'ajouter que celle qui passa pour l'entremetteuse de ses amours était Mme de Polignac. Elle aussi avait eu l'ambition de fixer le prince et y avait réussi, car elle était dit-on aussi belle qu'elle se montra ingrate envers la souveraine qui avait pour elle attiré les plus grands maux sur le trône et sur la France. C'est à l'époque où Mme de Polignac était en grande faveur auprès de Charles (X), que naquit le comte Jules-de-Polignac, traité par notre ex-roi en fils bien-aimé, et fait prince, ambassadeur, ministre. Charles X lui avait stupidement abandonné sa couronne : nous savons ce qu'il en a fait. Je suis surpris qu'au lieu de plaindre le roi légitime, quelque bonne dévote n'ait pas fait encore avec plaisir la remarque que ce grand Lovelace avait été puni par là où il avait péché. Graces soient rendues à la justice divine et à feue madame la duchesse de Polignac.

CHAPITRE VIII.

Commencement de la Révolution.

Nous avons vu le comte d'Artois se faire l'amant titré d'une fille de joie , moqué aussi par des femmes au-dessous desquelles il se mettait en refusant de payer ce qu'elles ne donnent jamais , mystifié par ses rivaux ; enfin nous n'avons pu passer sous silence l'opinion que l'on avait eue de ses relations avec la reine sa belle-sœur, il ne tiendrait qu'à nous de multiplier les exemples de ce genre, tous les mémoires secrets en fourmillent, nous n'en manquerions pas, voyons plutôt quels gages de son patriotisme il a donnés de tout temps à la nation française. Cette partie de

notre tâche excitera un intérêt plus général , et si elle ne fait naître que l'indi-
gnation , nous aurons moins à craindre
qu'elle aille jusqu'au dégoût. D'ailleurs
la grande, la sublime leçon qui termine
cette vie coupable la rend toute entière
digne de l'attention publique. C'est dans
le dessein d'être utile que nous répétons
au peuple et aux grands par quelle voie
Charles X est arrivé à tomber sans exci-
ter autre chose que du mépris, sans trouver dans la nation en masse le moindre
sentiment d'intérêt, sans entendre une
plainte sur sa destinée qui ne soit aussi
pour lui un reproche accablant.

Louis XVI et le comte de Provence
voient bientôt que le temps était venu
d'accorder des droits à la nation toute
entière et de ne plus s'entourer exclusi-
vement d'une caste à privilège. Le comte
d'Artois ne comprit jamais cette nécessité.
Les divers voyages qu'il avait faits dans
nos principales villes ne l'avaient nullement éclairé sur ce point, aussi entrava-
t-il de tout son crédit et celui de la reine

les sages intentions du roi. Ses stupides
emportemens eurent assez de force pour
arrêter l'effet des sages conseils de *Monsieur*. La nation ne tarda pas à distinguer
son ennemi de ses amis. Le comté d'Artois
s'opposa long-temps seul à la représenta-
tion du *Mariage de Figaro*. Prince im-
moral et débauché, il était déjà le protec-
teur de la censure la plus injuste et la
plus niaise. Malheureusement pour lui,
il prit part à des événemens plus importans. Il présida l'un des bureaux de l'assemblée des notables, et tandis que ses
deux frères faisaient des concessions, il
effrayait le peuple de ses goûts féodaux.
La première cocarde de ralliement était
verte, mais on la rejeta bientôt parce que
cette couleur était celle du comte d'Artois. On l'accusa d'avoir eu une grande
part à l'exil des parlemens, et lorsqu'en
1787 (18 juillet) il fut envoyé avec Monsieur à la cour des aides pour faire enregistrer deux édits, ceux du timbre et de
l'impôt territorial, le peuple s'ameuta,
l'attaqua dans sa voiture le hua et tandis

que sa retraite était protégée par des hallebardes et fuyait honteusement vers Versailles, effrayé, irrité et signifiant au roi qu'il eût une autre fois à aller faire enregistrer ses édits lui-même. Cette leçon du mois de juillet, mois fatal à Charles, en eut éclairé un autre que lui. Il était trop aveugle, il continua dans les mêmes voies, il s'irrita des concessions faites au roi et on l'accusa d'avoir conspiré avec quelques nobles contre la vie de son frère. Il faudrait des preuves pour donner crédit à cette accusation.

Il avait été nommé par la noblesse de Tartas, député aux états-généraux, mais Louis XVI, craignant son impopularité, défendit qu'il y siégeât. Le comte d'Artois fut obligé d'assister avec son frère à la grande séance d'ouverture des trois ordres réunis. Le Tiers avait déjà remporté une importante victoire, Charles ne craignit pas de laisser voir son mécontentement; dans les conseils il prêchait la fermeté, la punition des séditieux et l'emploi de la force plutôt que la justice. Il voulait dès-lors rétablir l'ordre et régner par les hallebardes et la mitraille. Après la prise de la Bastille, il commença à trembler pour lui, et quelque temps après il quitta la France avec sa femme et ses deux fils. Il eut ainsi le malheureux honneur de commencer l'émigration qui a causé plus que tout le reste la chute du trône et la mort de Louis XVI.

CHAPITRE IX.

Émigration.

Après une jeunesse sans étude, sans travaux, après trente-trois ans de débauches, le prince Charles-Philippe était certes peu propre à soutenir la cause royale d'aucune manière. L'émigration doit être partagée en deux classes; ceux qui fuyaient avec leur fortune, poussés par la peur et par l'intérêt personnel, abandonnant et leur patrie et leur roi; les autres qui allaient sous les drapeaux de l'étranger pour les ramener en France et opérer ainsi la contre-révolution des boulets et des baïonnettes. Le comte d'Artois, puisqu'il abandonnait l'un des premiers postes de l'état, puisqu'il fuyait le péril où il laissait les siens, eut dû être à la tête de cette seconde classe d'émigrés ; non il fuyait, nul à l'armée de Condé où il n'osa pas rester, nul à Coblentz, nul dans les cours de Bruxelles, de Vienne, où son patriotisme mendiait des soldats pour entretenir la guerre civile dans la patrie, il fut partout le même. Nous devons à Charles X un bienfait dont nous ne lui savons pas assez de gré. Son manque absolu de courage, sa profonde incapacité refroidirent l'élan généreux qui avait d'abord animé les bandes émigrées, il se fit mépriser des souverains qu'il visita et les rendit de la sorte moins ardens à soutenir sa cause. Louis XVI mourut sur l'échafaud, Louis XVII dans les cachots du Temple, le comte d'Artois se vit l'héritier présomptif du trône, sans que ni la pitié, ni la vengeance ni l'ambition pussent lui inspirer une démarche ferme ou courageuse. Certes, nous lui devons des remercîmens, mais comment concevoir qu'un pareil homme ait jamais été l'objet d'un éloge sincère ?

Le comte d'Artois demeura successivement à Turin, à Mantoüe, à Worms, à Bruck, à Pilnitz, puis à Coblentz, à Ham. Il revint à Turin à plusieurs reprises, parce que de là il fomentait les troubles de Lyon et du midi, sans compromettre en rien sa précieuse personne, et sans l'exposer là où des citoyens abusés versaient leur sang et combattaient en son nom leurs concitoyens. Il eut aussi dans cette ville et à Mantoue quelques conférences avec l'empereur Léopold ; plus tard, il vit le roi de Prusse à Pilnitz, et ce fut alors que les monarques jetèrent les premiers fondemens de la ridicule *Sainte-Alliance*. Ce traité entre les rois par la grâce de Dieu offre quelques parties curieuses :

« LL. MM. l'empereur et le roi de Prusse ayant entendu les désirs et représentations de MONSIEUR et monseigneur le comte d'Artois, déclarent conjointement qu'elles regardent la situation où se trouve le roi de France comme un objet d'intérêt commun à tous les souverains de l'Europe. Ils espèrent que cet intérêt ne peut manquer d'être reconnu par les puissances dont les secours sont reclamés, et qu'en conséquence elles ne refuseront pas d'employer, conjointement avec leurs dites majestés , les moyens les plus efficaces relativement à leurs forces , pour mettre le roi de France en état d'affermir , dans la plus parfaite liberté , les bases d'un gouvernement monarchique convenable *aux droits des souverains et au bien-être de la noblesse française.* »

Heureusement les traites , les manifestes de ce genre n'étaient pas plus en état d'arrêter l'opinion publique que l'épée chevaleresque du comte d'Artois. Le nom de ce prince se lit au bas d'un grand nombre d'actes , lettres et proclamations semblables. Il en est cependant fort innocent , tous ces actes doivent entrer dans la vie de Louis XVIII, qui n'y joignait le nom de son frère que pour la forme.

CHAPITRE X.

Voyage en Russie.

CATHERINE II régnait à cette époque, et en apprenant que le comte d'Artois qui s'était donné le titre de lieutenant-général du royaume se rendait à la cour de cette Sémiramis du nord, on put croire ou qu'il ne se trouvait pas assez loin du danger, ou qu'il allait chercher des leçons de courage et de constance à l'école d'une femme. Son voyage était tout diplomatique, il s'agissait d'amener les Cosaques à Paris. Cette première tentative est de 1793, on voit qu'il a fallu du temps aux Bourbons pour exécuter ce grand œuvre. Nous suivrons le comte d'Artois dans cette expédition où il se fit honneur comme partout ailleurs , si nous en croyons un témoin oculaire , un de ces défenseurs de la royauté déchue que leur courage et leur fidélité au malheur ont rendus dignes d'intérêt.

Rétablir sur le trône de France la dy-nastie bourbonnienne, ajouter à ses titres de gloire, celui qui était destiné à son petit-fils Alexandre , c'était pour la fière czarine un projet qui souriait à son am-bition et à son amour de la gloire, déréglé chez elle comme tout ce qui était amour. Aussi ne permit-elle point que le lieute-nant-général sans royaume gardât l'in-cognito , elle lui fit donner partout de l'altesse royale , elle lui monta une riche maison, paya ses dépenses , lui fit allouer une table magnifique. Le comte d'Artois était certes bien homme à profiter de tout cela , aussi s'accomoda-t-il si bien de ce genre de vie , qu'il ne tarda pas à laisser voir à l'autocratesse de Saint-Pétersbourg quel pauvre homme il était du reste. On le traitait toujours avec considération , mais il y avait déjà un dessous de carte.

fâcheux. « Je savais , dit l'historien que nous avons cité , je savais mieux que le prince , ce qu'on pensait de lui , le jugement qu'on en portait et où l'on voulait en venir. » Ce jugement, le fidèle royaliste ne nous le dit pas , mais on y supplée sans peine.

« Les mouvemens intérieurs de la France , les succès de la Vendée , devaient fixer l'attention , et ramener M. le comte d'Artois au seul rôle qui pût lui être utile. Sans cesse on lui rappelait qu'il devait être et devenir chef de parti. Ces paroles frappaient son oreille ; mais ses moyens les lui expliquaient obscurément et ne pouvaient les lui faire comprendre dans toute leur étendue. » (*Mémoires de Vauban.*)

Enfin on le força comme malgré lui à demander à recevoir des secours et à se mettre en route pour se rapprocher du théâtre *sur lequel on le supposait devoir représenter.* On se doutait déjà à sa gaucherie qu'il n'y serait bon à rien. L'impératrice voulait lui donner des généraux ;

il avait eu la sottise de lui demander lui-
même à s'adjoindre ses compagnons de
table et de débauche. Catherine ne put
s'empêcher d'en témoigner à quelques-
uns son mécontentement. « M. le comte
d'Artois, dit-elle, devrait avoir trop de
choses essentielles à traiter pour s'occuper de détails particuliers. »

Catherine donna un million pour le
rétablissement du trône des Bourbons,
elle en promit d'autres, s'engagea à
fournir sur-le-champ vingt-mille hommes ; elle n'en serait pas restée là, car
elle avait l'entreprise vraiment à cœur.
Elle combla de présens et le comte d'Artois et ceux qui l'accompagnaient ; enfin
pour dernier don elle lui mit en main
une épée sur la lame de laquelle était
écrit : *Donné par Dieu, pour le roi.* « Je
ne vous la donnerais pas ; dit-elle, si je
n'étais pas persuadée que vous périrez
plutôt que de différer de vous en servir. »
Grande leçon de courage à laquelle il répondit *avec trop peu de physionomie et en
homme qui ne s'en servira pas :* « Je prie

votre majesté impériale de n'en pas
douter. »

Charles partit, mais il eut bientôt
confirmé tous les pressentimens. Il ne fut
pas plutôt arrivé au terme de son voyage,
que les mêmes personnes qui lui avaient
fait tenir jusque-là une conduite honteuse, s'emparèrent de nouveau de son
esprit si bien disposé pour elles, et il
n'eut comme par le passé d'oreilles ou-
vertes qu'à la médiocrité qui seule lui
convenait.

CHAPITRE XI.

Quiberon.

Que fait le comte d'Artois de cette épée que lui a mise en main une reine, qui certes eût su si les destins l'y eussent forcée à en faire un noble usage? Ce qu'il en fait! il la vend pour payer quelques dettes et n'être obligé de se rien refuser dans la vie honteuse et oisive qu'il mène à Ham. Depuis qu'on l'a mis en état d'aller affronter glorieusement et utilement le danger, il n'espère plus qu'à une retraite et au repos. Une retraite, quand il a armé l'Europe contre sa patrie! Du repos, quand la guerre civile fait couler des flots de sang en son nom et en celui de sa famille! En voyant l'usage qu'il faisait des trésors et des armes de la Russie, ses vieux et fidèles serviteurs l'abandonnèrent indignés. « C'est ici, dit Vauban, où je laisse ce vieux et faible enfant de trente-cinq ans.... Le malheureux prince n'a d'oreilles que pour la flatterie et les conseils timides ; il finirait par prendre en aversion, en horreur, et regarder comme voulant être son assassin, celui qui le porterait à tout parti audacieux. Il n'a de courage que celui du moment, et aussi pour supporter avec patience les dégoûts et les mépris dont il est abreuvé ; enfin il a le courage qui fait endurer la misère qui tôt ou tard sera son lot. Dieu veuille que je me trompe ! »

Le comte de Vauban n'avait pas encore perdu tout à fait l'habitude de trouver bon gré mal gré, des vertus aux princes. Certes, si le comte d'Artois avait des momens de courage, et ils étaient rares, et l'impossible longanimité auquel cet écrivain donne le nom de vertu, ne pouvait être dans la situation de Charles que le comble de la lâcheté ! Gloire à lui, si le remords l'eût arrêté sur la frontière où il attira les armes étrangères ! Gioire à lui, s'il eut craint d'enflammer davantage la guerre civile par sa présence, et si de loin il se fut occupé de la calmer et d'arrêter le sang. Mais non, étrangers, Vendéens, il excite tout ; il se plaît à déchirer le sein de la France, à préparer chaque jour pour les républicains de nouvelles victoires. Tout ce que ses intrigues peuvent soudoyer, tout ce qu'il a encore de fidèles serviteurs, il les pousse au danger, et lui il se tient à l'écart, il daigne les encourager et leur parler de sa reconnaissance. Telle fut sa conduite à Quiberon.

Il était tard, l'expédition avait déjà souffert, des maux qu'il eut peut-être prévenus lorsqu'il y arriva sur le vaisseau *le Jason*, faisant partie de la croisière que le commandant Warin avait ordre d'employer à secourir les royalistes de Bretagne. Au lieu de débarquer le plustôt possible, d'entrer dans cette baie fatale pour y venger ses amis et se préparer à la victoire ou à la mort, il s'arrête à l'île

Dieu , s'y fait un quartier général , s'oc-
cupe d'intrigues , de promotions , de des-
titutions dans des armées à la tête desquelles il eut dû se trouver déjà.

La Bretagne et la Vendée offraient
alors un effectif de forces royalistes mon-
tant à plus de quatre-vint mille hommes
armés , et près de quarante mille qui ne
demandaient qu'à l'être , et se battaient
avec des fourches , des bâtons , brûlans de
fanatisme et d'un courage digne d'une
meilleure cause. Il y avait là certes bien
de quoi lutter avec la république , occupée aussi par des guerres extérieures ;
mais tous ces Vendéens étaient divisés en
plusieurs armées dont les généraux s'en-
tendaient mal , étaient jaloux l'un de
l'autre , et par conséquent sans accord ;
disséminés , ils ne pouvaient livrer que
des combats partiels trop peu importans
pour être décisifs , et dont tout le résultat
était du sang versé. Cependant l'approche
du comte d'Artois ranima tous les cou-
rages. On courut aux armes avec plus
d'ardeur que jamais ; on s'apprêtait à por-

ter de grands coups, et chaque général oubliant ses rivalités et ses haines, était prêt à obéir avec un égal concours, aux ordres du frère du roi qui venait représenter à leur tête cette autorité royale pour laquelle ils combattaient.

Mais ce chef n'arrivait pas. Charrette, Stofflet, ne comprenaient pas qu'un Bourbon, un roi, pût manquer totalement de courage ; ils ne s'expliquaient pas l'inaction du prince ; ils en murmuraient déjà. Enfin, réunis avec les autres chefs en conseil général, ils crurent devoir le rappeler à la nécessité impérieuse de sa position ; ils le firent par une lettre qu'un de leurs lieutenans porta à l'Ile-Dieu, où Monsieur était entouré des compagnons qui partout l'avaient si bien aidé à souiller sa vie.

« Cette lettre appelait impérieusement Monsieur au parti que devait lui dicter son intérêt, et celui de la cause lui disait que son délai flétrissait sa gloire ; qu'il tenait dans ses mains la couronne, qu'il pouvait la placer sur la tête de son roi et de son frère, ou la laisser tomber; qu'après avoir paru sur la côte, s'il ne rejoignait pas les royalistes, il les plongerait dans la plus grande consternation, et que la perte totale des partis s'en suivrait; qu'au contraire, sa présence pouvait et devait tout sauver, et qu'il serait reçu à bras ouvert par des forces immenses. »

A tout cela, que répondit le héros de la famille royale ? Que la lettre était trop énergique, dans un style trop pressant, et peu convenable à sa dignité de frère du roi; que les Vendéens pouvaient avoir raison, mais qu'ils devaient lui présenter une requête plus respectueuse. A l'aspect du danger, c'était là le langage d'un fils d'Henri IV, à des hommes qui depuis quatre ans se faisaient décimer pour lui, et lui sacrifiaient chaque jour leur existence, leur repos ! Oh non! ce n'était pas le sang d'Henri IV ! et la légitimité était décidément entachée de bâtardise. On disait au comte d'Artois, que sa présence à l'Ile-Dieu avait déjà produit le

meilleur effet, mais que cela même devait l'engager à venir à la tête des armées, s'il reculait maintenant, chacun
en perdant cet espoir perdrait tout courage, et le mépris succéderait peut-être
au dévouement. Le pauvre prince aima
mieux se laisser mépriser, perdre son
rang, ses droits, et laisser aussi massacrer
les fidèles soldats qu'il n'osait conduire à
la victoire.

On pense bien cependant que les députés vendéens ne manquèrent pas de
bonnes raisons pour combattre son inaction; ils allèrent jusqu'à un langage plus
énergique encore que celui de la lettre de
leurs chefs. En vain! « Si malheureusement il quittait la côte, si la fatalité
l'empêchait de se mettre à la tête des
royalistes, le découragement et le désespoir s'en suivraient; jamais le moment
n'avait été plus imposant, c'était celui de
peser austèrement les intérêts de la cause
royale, de la monarchie, et par conséquent de son honneur et de sa gloire;
dans ce moment, l'univers avait les yeux

ouverts sur lui ; cette journée et la résolution prise allaient décider du sort de la
France ; combien il devait craindre que
l'Angleterre, après l'avoir mis une fois à
même de rejoindre les royalistes, ne lui
en donnât peut-être plus les moyens, et
ne se fatiguât des expéditions inutiles ; il
n'y avait pas à hésiter, et il valait cent
fois mieux descendre à la côte avec quelques personnes : que de la quitter, le
moment était tel, qu'il ne devait que
consulter ses *devoirs et son courage;* on
lui répondait de tout. »

Que disait à cela l'homme qui a occupé
le trône de Napoléon ? Qu'il demandait
jusqu'au lendemain pour préparer sa dé-
cision et se prononcer. Le lendemain il
fuyait à l'aspect du champ de bataille, et
il encourageait par lettres les Vendéens à
continuer de se faire tuer pour leurs princes, qui *brûlaient de les en récompenser,
et de se mettre à leur tête.*

Il y a dans ce dénoûment autant d'i-
neptie que de lâcheté. Aussi nous croyons-

nous dispensés de nous arrêter aux autres circonstances du séjour à l'Île-Dieu, capables de consolider sous ces deux rapports, l'excellente réputation de Sa Majesté Charles X. Il avait laissé à l'un des Vendéens qui étaient venus auprès de lui, des instructions que celui-ci déclare n'avoir jamais osé montrer à ses compagnons, tant elles étaient coupables et déshonorantes. Continuons son récit :

« Ce même jour, 18 novembre 1795, jour à jamais fatal, jour où la destruction des armées royalistes devait être pressentie, vit arriver Son Altesse Royale à bord du *Jason*. Les saluts d'artillerie y annoncèrent son arrivée, et apprirent aux côtes catholiques et royales leur malheur. Je n'essaierai jamais d'exprimer la douleur profonde, ce qui se passa en mon âme, et ce que j'éprouvai en moi-même au bruit de ces coups de canons. Le voilà donc parti, entouré de cette troupe d'intrigans satisfaite et contente, vouant par cette démarche les républicains à une joie fé-

roce, et les braves royalistes à la douleur
de se croire abandonnés, se voyant frus-
trés de leur plus chère espérance. »

(*Mémoire d'un Vendéen*).

CHAPITRE XII.

Séjour en Angleterre.

Que conclurent les chefs vendéens de l'indigne conduite du comte d'Artois ? Qu'on les avait abandonnés, trompés ; qu'ils avaient constamment été abusés, joués par les chefs, qui n'avaient cessé depuis plusieurs années de leur annoncer un prince de la maison de Bourbon ; que deux de ces princes avaient paru (Monsieur et le duc de Bourbon) et apparemment *n'avaient pas pu* venir jusqu'à eux. Si notre cause était bonne, disaient-ils, son altesse royale aurait-elle hésité à se mettre à notre tête ? Elle juge apparemment la cause perdue, notre position désespérée ; sans cela comment ne ferait-elle pas pour la religion, pour le roi, pour elle, pour sa famille, pour la France, ce que nous faisons depuis si long-temps. Nous n'aurons donc plus, ajoutent-ils un Bourbon : notre cause ne s'augmentant pas par sa présence, ne peut plus que dépérir. D'autres disaient encore : Puisqu'aucun d'eux n'a voulu venir, pourquoi faisons-nous pour eux ce qu'ils ne veulent pas faire pour eux-mêmes ?

En effet, la guerre de la Vendée ne fut plus que le massacre de gens qu'un faux zèle avait emporté trop loin pour qu'ils pûssent reculer. Les Bourbons les avaient abandonnés dans l'abîme et les y abandonnaient. Vainement firent-ils de nouveaux efforts pour attirer Monsieur dans leurs rangs. Il s'obstina à répondre que le gouvernement anglais ne voulait pas le laisser partir, comme si un bateau pêcheur et l'épée de Catherine II, n'eussent pas dû lui suffire pour aller se mettre à la tête de ceux qui se battaient en son nom. Les Vendéens demandèrent un instant qu'on leur donnât pour chef M. le duc d'Orléans, mais tous sentirent bientôt que celui qui avait combattu à Valmy et à Jemmapes ne pouvait venir déchirer par la guerre civile le sein de sa patrie. D'ailleurs ses vœux étaient opposés à cette cause, il avait fait et promis à la France toutes sortes de sacrifices. Mais le comte d'Artois, l'ennemi des droits du peuple, le conseiller le plus perfide de Louis XVI et de Marie-Antoinette, lui dont les proclamations excitaient les Vendéens et qui se refusait à arrêter la guerre civile en signant sa renonciation au trône, sa place pouvait-elle être à Londres ou à Edimbourg dans un honteux repos?

Aussi « la *fuite* de l'Ile-Dieu et les épaisses murailles de l'antique château d'Edimbourg avaient éclipsé pour les malheureux Vendéens tout rayon d'espérance. Le repentir prit la place de l'illusion : on vit que l'on avait été joué et trompé, on avoua tout, *on nomma tout par son nom*, on se rapprocha du chef, et les épithètes les plus dures devinrent des noms personnels. Son altesse royale n'en fut pas exempte, et comme la plus éminente, elle eut celle qui pour tout homme de cœur est la plus fâcheuse. Le nom lui en resta dans les royalistes. »

Nous regrettons de n'avoir pas retrouvé le nom dont veut parler ici le vieux royaliste et qu'il tait par pudeur pour ses anciens maîtres, mais ce qu'il dit doit suffire pour faire conjecturer quelle était la valeur de l'épithète en question.

Poursuivi par le mépris bien plus que par une conscience qui lui avait déjà permis tant de félonies et l'abandon de ses fidèles serviteurs, vertu que Charles X a conservée jusqu'à la fin, poursuivi, disons-nous par le mépris des siens et de la brave nation anglaise, le comte d'Artois commença encore une expédition. Cette fois il dirigea sa course guerrière vers la Suisse où l'armée de Condé s'était jointe aux troupes russes. Ce pauvre Charles eut le malheur de ne pas pouvoir prendre part même à une défaite. Quand il arriva tout était fini, et il n'eut rien en effet de plus pressé que de regagner les rivages de l'hospitalière Albion, emportant avec lui César et sa fortune.

Il séjourna quelque temps à Londres où il avait déjà eu occasion de recommencer un peu de sa vie de Paris ; mais elle n'était nullement dans les mœurs britanniques, et les émigrés se sont plaints à plus d'une reprise de la déconsidération que leur attirait le frère de leur roi. Le traité d'Amiens le força de chercher un nouvel asyle dans la capitale de l'Écosse, mais la paix avec la France ne fut pas de longue durée. Louis XVIII avait acheté alors le château d'Hartwell ; il s'y établit avec sa famille et Charles vint comme les autres y enterrer sa nullité, ses vices dans une solitude et un silence d'où il n'aurait jamais dû sortir depuis cette époque. C'eût été un juste arrêt de la Providence. La France avait sans doute quelque grande faute à expier puisque le destin lui réservait cette plaie digne de la terre inhospitalière des Pharaons. Heureusement qu'à ce jour notre paix avec le ciel est faite et que Charles X est reparti.

Il n'est pas inutile de faire remarquer en terminant ce chapitre que ce fut pendant ces glorieuses et nobles expéditions que le nom de M. de Bourmont fut placé pour la première fois à côté de celui du comte d'Artois. Heureux augure que rien n'a démenti.

CHAPITRE XIII.

M. de Latil. — Mme de Polastron.

PENDANT son séjour en Angleterre, après sa fuite honteuse de la Vendée où il avait laissé égorger les soutiens de sa cause, le comte d'Artois menait une vie retirée dans le château d'Hartwell, résidence offerte par l'hospitalité britannique à l'ex-famille royale. Là il s'occupait uniquement de madame de Polastron, dont il partageait les faveurs avec l'abbé, depuis cardinal de Latil, l'un des auteurs de tous les maux que nous avons soufferts pendant les dernières années du règne de Charles X. D'Artois était resté fidèle à cette femme qu'il avait connue à l'époque où il entamait aussi des liaisons avec madame de Polignac, mais cette dernière l'avait toujours emporté dans son cœur sur madame de Polastron. Le ciel avait, comme on dit, béni l'*union* du comte d'Artois et de madame de Polignac. Le fameux prince-ministre que l'on vient d'arrêter, était dit-on, un fruit de cette union, et c'est à cette *croyance* qu'il devait la haute faveur dont il a joui depuis près de son père *supposé*, et qui a été la cause de la catastrophe à laquelle nous venons d'assister. Nous disons père *supposé*, car bien des personnes prétendent que Charles n'était point apte à procréer, et que c'était une des causes du mépris dont il était l'objet de la part de ses nombreuses maîtresses. Quoiqu'il en soit, son amour pour madame de Polastron était extrême pendant son séjour en Angleterre. D'Artois était l'esclave de cette femme intrigante et astucieuse, qui, elle-même n'était qu'un instrument docile entre les mains de l'abbé de Latil, avec laquelle

elle entretenait des liaisons plus qu'inti-
mes. C'est à l'aide de ce ricochet d'amour
que le trop fameux jesuite parvint à exer-
cer un empire absolu sur l'esprit et le
caractère de Charles. Il s'empara de lui ;
dirigea toutes ses idées vers un but uni-
que , le triomphe du jésuitisme et de ses
infâmes principes , et produisit enfin, cet
élève digne de saint Ignace-de-Loyola ,
qui s'est joué des sermens les plus sacrés,
et qui a mis en pratique parmï nous , ce
code de restriction mentale que l'on pourrait appeler le *vade mecum* des membres
de la société de Jésus. Avant sa mort ,
madame de Polastron fit jurer à Charles
que dans toutes les circonstances de sa vie,
heureux ou malheureux , sur le trône ou
dans l'infortune , il n'aurait jamais d'autre guide , d'autre conseiller que l'abbé
de Latil. Ce serment, c'est le seul qu'il
ait tenu. Il paraît que les jésuites ont de
la pudeur entre eux. Mais ici le parjure
eût été une vertu ; Charles était destiné à
ne jamais connaître la signification de ce
mot. Du reste , il montra beaucoup d'at-

tachement à madame de Polastron jusque dans ses derniers momens. Cette femme était attaquée d'une maladie de poitrine, et les médecins lui avaient conseillé de coucher dans une étable. Charles tout entier à son amour, partagea la couche de sa maîtresse sur le fumier. Il lui jura, dit-on, aussi avant de mourir, qu'il serait toujours fidèle à sa mémoire et qu'il ne connaitrait jamais d'autre femme. On dit qu'il a tenu aussi religieusement ce serment. Mais le code jésuitique admettant d'espèce d'amour qu'il ne serait point extraordinaire que Charles satisfit ses goûts lubriques, tout en restant fidèle à la mémoire de sa dernière maîtresse.

CHAPITRE XIV.

Première Restauration.

LE comte d'Artois n'eut presque point de part à cet important événement qui le plaça sur le premier degré d'un trône qu'il a ensanglanté depuis. On sait que les souverains alliés n'étaient nullement disposés à rétablir la puissance des Bour - bons, et qu'en général l'Europe avait pour eux à cette époque une sorte de mé- pris qui n'était que trop légitime par leur longue inutilité, leur complète inac- tion au milieu des grands événemens. On ne voyait dans cette famille que les deux frères de Louis XVI. L'un, homme d'es- prit mais peu propre à la guerre, était considéré comme plus heureux dans sa solitude et avec son Horace, qu'il ne l'eut été sur un trône. Malheureusemont pour l'honneur et les intérêts de la famille , le comte d'Artois avait déjà promené ses talens de royaume en royaume, il était connu ; Alexandre, surtout, le plus puissant des alliés semblait avoir trouvé à la cour de Christine II, une opinion peu avantageuse aux Bourbons.

L'habileté diplomatique de Louis XVIII réussit à vaincre tous ces obstacles. Il envoya à toutes les extrémités de *son* royaume des princes de sa famille, il voulut que du moins ils se fissent voir et réveillassent d'anciens souvenirs, il leur fit la leçon , les façonna à leur rôle , et le comte d'Artois ainsi que les deux fils quittèrent la terre d'exil pour rentrer en vainqueurs dans cette France qui les avait honteusement chassés. Beau cortège pour un roi rentrant parmi son peuple , cortège tout à fait digne de la légitimité que celui que firent au comte d'Artois les Cosaques et les Prussiens. On applaudissait à

Paris, on criait nos amis les ennemis et vive le roi. Tout cela pouvait fort bien aller ensemble.

Une fois établi que la rentrée des Bourbons est uniquement due à l'habileté diplomatique et à une intrigue aussi fine que bien conduite, il est évident que le Comte d'Artois n'y eut aucune part. Le 12 janvier 1814 il avait fait voile pour la Hollande ; il parcourut la Suisse, reçut des députations, salua, remercia, tâcha de se refaire au métier qu'il avait oublié. Il y avait toutefois du changement dans sa manière, autrefois le comte d'Artois n'avait parcouru le France qu'escorté de femmes et de libertins. En 1814, le cortège de MONSIEUR était composé de prêtres et de tout ce qu'il y eut jamais de plus entêté parmi ces vieilles perruques féodales, qui dès quatre-vingt sept, murmuraient contre Louis XVI, et plus tard trouvèrent Louis XVIII un jacobin. Il faut convenir que la France ne pouvait pas voir avec espérance autour de ces princes, cette cour encroûtée qui n'avait *rien appris, rien oublié* après son quart de siècle de révolution.

MONSIEUR fit son entrée à Paris le 12 avril 1814. La curiosité excitée par un long exil, la certitude que la France ne serait point partagée entre les vainqueurs, l'espoir du repos après de longs orages, tout cela lui fit une réception digne de Henri IV. Mais comment répondit-il à cet empressement et à cet amour du peuple ? si mal que le 3 mai suivant, l'enthousiasme était déjà beaucoup calmé lorsque Louis XVIII à son tour entra dans la capitale. Il faut avouer que dans ce partage l'enthousiasme public s'était montré bien injuste.

CHAPITRE XV.

Premier Serment fait à la Charte.

Voila Charles à Paris, établi aux Tuileries, comptant sur les impôts et les corvées, préparant pour la chasse ses fusils anglais! Le pauvre homme! pourquoi se mêla-t-il d'autre chose. Le roi son frère, homme de bon sens, avait senti qu'il était nécessaire de s'appuyer plutôt sur l'espérance d'un avenir heureux et prospère, que sur les souvenirs du passé et les rois légitimes. Il donna d'abord sa déclaration de Saint-Ouen pour la Charte. Louis XVIII avait pour ce pacte libéral une tendresse de père et le regardait comme son plus beau titre à l'immortalité , il n'y a donc nul doute que son intention et son désir n'aient été de l'achever, de le publier, de le sanctionner aussitôt que les circonstances le lui permirent. Il devait et voulait peutêtre le faire avant de s'asseoir sur le trône, une faction niaise et anti-libérale à la tête de laquelle se mit son frère ne le lui permit pas.

Louis XVIII ne pouvait s'appuyer uniquement sur le peuple qui l'avait depuis long-temps oublié , l'armée était toujours secrètement dévouée à son ancien chef, il crut devoir chercher ses conseillers, ses amis, parmi les hommes d'autrefois. Mais ces hommes ne voulaient point de la Charte ; on la raillait, on insultait au bon sens du monarque, on le traitait de jacobin , on lui opposait le fantôme sanglant de Louis XVI, on lui reprochait une alliance avec les meurtriers, et l'héritier présomptif du trône était à la tête de cette opinion, la seule qui se montrat à la cour. Le roi crut devoir différer et céda du temps à ses entourages. Il céda aussi à leur influence en nommant des ministres tels que M. le comte Ferrand, M. de Blacas, M. Beugnot et autres. Le peuple qui avait compté sur une charte s'inquiéta, le souverain de l'île d'Elbe entendit ses murmures...... Le 1er mars Napoléon débarquait sur le territoire français, et le 21 mars au matin chacun pouvait voir rue du Coq une caricature représentant des dindons qui s'échappaient par une porte des Tuileries, tandis que l'aigle impériale y entrait par une fenêtre.

Charles X pour avoir prêté son appui à des opinions anti-libérales et féodales qu'il partageait d'ailleurs, peut être considéré comme celui qui a le plus contribué à attirer sur sa famille ce nouveau désastre et ce terrible affront. Aussitôt qu'il apprit le débarquement de Napoléon, Louis XVIII vit la faute où il s'était laissé entraîner, et assembla les chambres, il promulgua la Charte, et en jura l'observation. Il avait aussi donné un rôle à son frère dans cette comédie. On connaissait dans le public ses opinions exagérées,

honteux et humble au milieu du danger
il vint faire amende honorable en présence des députés de la France. Il s'avança
comme par un mouvement spontané après
le discours de Louis XVIII et quoiqu'il
n'eut, dit-il, à prêter à la Charte comme
sujet qu'un serment d'obéissance, il demandait au roi la permission d'en jurer,
dès à présent, le maintien comme prince
et héritier direct du trône.

Ce serment tardif ne le sauva pas et ne
put rallier la nation à une cause déjà
abandonnée d'une grande partie de la nation, que l'on n'avait pas craint de mécontenter et d'effrayer. N'importe, ce premier serment, aussi sacré sans doute que
celui qui fut prêté sur l'Évangile, doit être
inscrit dans les fastes où l'on cherchera
les preuves de la loyauté de Charles X,
il est du 16 mars 1815.

Le comte d'Artois avait été envoyé dans
le midi avec son fils le duc d'Angoulème,
pour arrêter la marche de Bonaparte. Les
deux grands hommes qu'on opposait là au
vainqueur de l'Europe! L'ex-dauphine fut

la seule de la famille qui montra quelque
énergie, mais sans fruit. Abandonné,
moqué, Charles se trouva à la merci de
l'usurpateur, qui le laissa partir. Il lui
fallut s'enfuir sans escorte, accompagné
seulement d'un seul gentilhomme. Il était
tellement préoccupé, que de crainte qu'il
n'oubliat de récompenser ce fidèle servi-
teur, ce fut Napoléon qui lui donna la
croix d'honneur.

CHAPITRE XVI.

Deuxième Restauration.

Le comte d'Artois s'était trop fait connaître à la première restauration pour être mis en avant à la seconde. Louis XVIII avait apprécié son impopularité aussi bien que ses talens ; il donna à son frère une position à la cour, digne de lui ; il l'entoura d'hommes, lui départit son contingent de la liste civile ; il tâcha même de lui concilier les vœux de la nation en lui conférant le titre de commandant-général des Gardes nationales du royaume, mais il ne l'employa point, et remis à sa place, Monsieur n'eut aucune influence politique. Craignant même qu'il ne fit de nouveau remarquer ses opinions exagérées, il ôta, à cause de lui, aux princes de sa famille le droit de prendre part aux délibérations de la chambre des pairs.

Charles ne s'en était servi qu'une fois et la justice nous oblige à conserver le souvenir de cette circonstance toute à son avantage. L'ex-sénat-conservateur avait adopté avec faveur la proposition de voter des remercîmens au duc d'Angoulême, à cause de la belle conduite qu'il avait tenue dans le midi au commencement des cent jours. C'était se montrer fidèle aux principes éternels de la flatterie et de la complaisance. Monsieur eut alors un moment fort agréable, le plus beau de sa vie. Il monta à la tribune, et sans lire il dit à peu près : « que le duc d'Angoulême serait sûr de l'honneur que lui faisait la chambre s'il avait eu à combattre un ennemi étranger, mais que prince français et ayant en tête des Français, il ne pouvait tirer gloire de ses avantages et qu'il verrait avec peine que le souvenir de ce qu'il avait fait, rappelat le souvenir de nos dissensions civiles. Tout cela fut dit avec goût, avec zèle et de manière à ne pouvoir offenser la chambre. On assure que c'était M. de Richelieu qui avait eu la patience de faire apprendre au prince, et la générosité de lui céder, un discours fort bien approprié à la circonstance.

Eloigné par son frère du maniement des affaires et même des secrets des cabinets, Monsieur se réfugia dans quelques petites et basses intrigues. Ainsi il essaya de tous les moyens pour perdre M. Decazes qu'il n'aimait point, parce que c'était un homme noüveau et non pas un bon Français de la vieille roche. Il dut à ces tracasseries d'être honteusement destitué de sa charge de commandant-général des Gardes nationales. Il se plaignit beaucoup à cette occasion, mais Louis XVIII ne prit point du tout part à ses chagrins et lui conseilla sans doute de courre quelques cerfs de plus, ou bien entendre deux messes par jour au lieu d'une. Plusque jamais, en effet, ce pauvre prince s'était laissé dominer par les jésuites qui, comme tous ceux qui avaient des intentions anti-

constitutionnelles , se ralliaient au pana-
che du comte d'Artois.

Nous ne le suivrons point dans tous les
détails de cette vie que chacun peut ap-
précier par son dénouement. Louis XVIII
qui voyait et prévoyait, ne sentait sa mort
approcher qu'avec inquiétude , et gémissait sur le sort de la France et de sa famille,
il eut quelques jours avant le dernier ,
une longue conférence avec son frère , il
voulut lui faire comprendre lui—même la
nécessité des institutions nouvelles, adou-
cir cet esprit de vengeance contre la révolution que la fin tragique du duc de Berry
avait encore augmentée , et exigea que
pour gage de sa conversion, Charles X à
son avènement au trône, abolit la censure qui existait encore. Charles promit
tout, et pourtant l'auteur de la Charte
disait en embrassant le duc de Bordeaux :
Pauvre enfant ! puisses-tu être heureux ,
et surtout plus sage que tes parens. Cette
sagesse là est devenu maintenant super-
flue pour l'héritier véritable ou supposé
des Bourbons.

Enfin le destin-sous les traits du docteur Portal prononça les paroles consacrées : Le roi est mort, vive le roi ! Le roi mort c'était Louis XVIII, le roi auquel s'adressait ce premier vœu était Charles X. Malheureuse France !

C'était le 15 septembre 1824, un peu après dix heures du soir.

CHAPITRE XVII.

Deuxième Serment fait à la Charte.

La faction contre-révolutionnaire et féodale se frotta les mains à l'avénement de Charles X , la France était inquiète. Toutefois il parut un instant docile aux avis de son frère , et le clergé surtout qui avait manifesté une indécente joie de la mort de Louis XVIII , fut pour un moment frustré dans ses espérances. On raconte à ce sujet que M. de Latil demandait un jour à l'auteur de la Charte le rétablissement de la dîme et autres droits ecclésiastiques. « Monsieur de Reims , lui répondit le roi , je ne puis écouter une

semblable requête que si elle est consen—
tie et appuyée par vos diocésains, d'ici là
ne m'en reparlez jamais. » On pensait à
l'avénement de Charles X que le moment
était venu où la voix d'un jesuite aurait
plus de puissance que celle d'un peuple.

Cependant le roi avait fait aux députés
une réponse convenable. Il promettait
d'employer sa puissance toute entière à
consolider pour le bonheur des peuples la
Charte que déjà comme sujet il avait juré
d'observer. « Ce discours et l'abolition de
la censure firent croire que le roi n'avait
rien conservé des penchants et des goûts
du comte d'Artois, on l'en félicita. En
parlant de son sacre il avait promis d'y
jurer les *institutions octroyées* par son
frère, le mot de Charte avait disparu
et le jésuitisme avait fait un pas. Cependant un bon génie soufflait à Charles X
des mots assez bien tournés, il jouait le
roi populaire, il cherchait à justifier ce
qu'il avait dit à sa première rentrée :
Messieurs, ce n'est qu'un Français de
plus. »

Le serment du sacre ajouta encore quelque confiance à celle qui naissait déjà de tous ces préliminaires. Nous avons déjà vu le comte d'Artois jurer par avance au 16 mars 1815, de maintenir et d'observer la Charte. Voici le serment qu'il prononça solennellement dans la cathédrale de Reims en présence de toute la France attentive le 29 mai 1825.

« En présence de Dieu, je promets à mon peuple de maintenir et d'honorer notre sainte religion, commé il appartient au roi très-chrétien et au fils aîné de l'église ; de rendre bonne justice à mes sujets ; enfin de gouverner conformément aux lois du royaume et à la CHARTE-CONSTITUTIONNELLE que je jure d'observer. Que Dieu me soit en aide et ses saints évangiles. »

Cet homme si pieux, ce fils aîné de l'église avait la main levée sur le saint évangile lorsqu'il faisait ce serment à son peuple. Pourquoi ne mourut-il pas quelques jours plustôt lorsque les chevaux de sa voiture s'emportèrent comme les mules de Don Miguel. On dirait en vérité que dans notre siècle il y a une certaine justice chez les quadrupèdes.

Mais Charles X était un roi pieux, très-pieux même, il avait juré sur le saint évangile, il avait scellé ce serment par la communion, et pourtant il est aujourd'hui Charles le parjure. On dit qu'un jésuite lui apprit à placer la main à côté de l'évangile et lui souffla quelque restriction qui au lieu de l'engager de nouveau le déliait de son premier serment à la Charte.

Nous rappellerons seulement que ce fut le jésuite Latil qui en sa qualité d'archevêque de Reims reçut la parole de Charles X; ce fut sans doute lui-même aussi qui lui apprit à la violer. Si l'on se rappèle maintenant l'origine de l'alliance de ce prêtre avec Charles, on pourra juger aussi de la foi qu'ils avaient tous deux dans les choses saintes et sacrées.

CHAPITRE XVIII.

La fin du règne de Louis XVIII avait ranimé les espérances des ennemis de nos libertés. MM. de Villèle, de Peyronnet, de Corbière étaient devenus ministres, et l'adresse de leur chef les y avaient maintenus malgré tout. On sait que ces messieurs étaient de l'opposition avant d'être ministres. Ce qui les fit changer d'opinion ce fut d'abord l'amour du pouvoir et puis encore la nécessité de s'entendre avec les courtisans, la pensée qu'ils consolideraient leur puissance s'ils parvenaient à satisfaire tous ceux qui entouraient le roi, amis et ennemis de la Charte qui les avait élevés. Les derniers étaient bien le plus grand nombre.

Le mécontentement de la vieille noblesse avait fini par renverser M. Decazes, c'était une leçon pour ses successeurs, ils en profitèrent et se firent du parti féodal.

Heureusement pour leurs débuts, Louis XVIII était de l'opposition ; et grâces à cet appui quoique faible et vieillissant, ils parvinrent assez bien à maintenir l'équilibre entre la génération nouvelle et l'ancien régime.

Charles X à son avènement rendit à tous les ministres leurs portefeuilles, et certes c'était un lourd fardeau si déjà ils l'emplissaient de tous les projets funestes que l'avenir devait faire éclore. La position des ministres qui prenaient goût au métier et n'étaient pas fâchés de conserver leur puissance, devint alors plus embarrassée. Il fallut céder davantage. Le parti féodal commençait à avoir l'appui du roi parjure, et déjà surgissait le parti-

prêtre , habile à délier les sermens. Il
fallut resserrer l'alliance avec les émigrés
et en former une avec les jésuites repré-
sentés par MM. de Croï, de La Fare,
de Latil, d'Hermopolis, de Clermont-
Tonnerre. Leur appui maintint MM. de
Villèle et son ministère. Il fut assez fort
pour le faire triompher et de l'ancien régime et des cœurs généreux qui électrisés
par les applaudissemens du peuple voulaient un ministère national et la sanction
entière du pacte fait entre la France et la
royauté ! Soutenu du jésuitisme , M. de
Villèle obtint facilement aussi aux dépens
du trésor le suffrage d'une partie des op-
posants ; et le sort du règne de Charles X
fut décidé. La France n'oubliera jamais
ce qu'elle dût de maux à l'ambition de cet
homme , car ce fut à nos dépens qu'il
paya les appuis de sa puissance , et il
augmenta lui-même en s'alliant à eux les
pouvoirs qu'il eut dû combattre , anéantir
et qui ont dévoré le trône.

De cette union de Villèle avec les ennemis de la Charte et des concessions que

le président du conseil s'était engagé à leur faire , pour prix de ses portefeuilles , sortirent les élections de 1824 , et à la suite de ce premier résultat , outrageant pour la nation , la loi du sacrilège et des couvens de femme , acheminèrent à l'omnipotence des jésuites , le droit d'aînesse, la septennalité, la loi de justice et d'amour, la fournée des 76 pairs , presque tous ecclésiastiques , la censure , l'odieux licenciement de la garde nationale , les fusillades de la rue Saint-Denis, etc., etc., etc. Je ne sais si j'ai conservé les événemens dans leur ordre chronologique , mais chacun les connait ; ils se sont classés , entassés dans toutes les mémoires, le nom de Peyronnet les a réveillés dans tous les souvenirs , ils ont préparé notre *révolution glorieuse*.

————

CHAPITRE XIX.

Ministère Martignac.

Louis XVIII avait compromis aux yeux de la faction contre-révolutionnaire, sa qualité de roi légitime; c'était un jacobin; le seul roi légitime était Monsieur, c'était *l'homme selon Dieu.* On entendait de lui des merveilles dans son genre. Il n'en fit pas d'abord, grâce à M. de Villèle qui n'avait pas plus de goût pour le martyre que pour la retraite, et qui avait toutes les peines du monde à ne gagner ni l'un ni l'autre. Car d'un côté, ses protecteurs voulaient qu'il mécontentât la nation au point de la révolter; de l'autre, le parti libéral l'entraînait hors des li—

mites que lui avaient marquées ses protecteurs. Il a fallu à cet homme une
adresse diabolique pour se maintenir si
long-temps, lui et les siens, entre deux
écueils si voisins et également redouta-
bles. Il ne pouvait plus y tenir, il donna
sa démission, mais par un coup de la plus
fine politique, il donna au roi le ministère Martignac. Ce dernier avouait que
c'était à l'ex-président du conseil qu'il
devait le portefeuille.

C'était un coup de maître en effet. Les
libéraux se calmaient, la nation se rassu-
rait un peu; le faubourg Saint-Germain
et le parti-prêtre apprenaient, grâces à
un ministère sincèrement attaché à la
Charte, tout ce que valait M. de Villèle;
on le rappelait, et son retour était un
triomphe; tout cela n'avait pas été trop
mal calculé. La faction Polignac renversa
cet habile échafaudage; mais nous n'en
sommes pas encore aux exploits de ce *fils*
chéri.

Et par sa composition, et par la confiance qu'on lui accorda, et par la ma-

nière dont on le congédia, il est bien certain que le ministère Martignac n'était qu'un *intérim*. Peut-être aussi voulait-on prouver à l'opinion, que les gens qu'elle protégeait n'étaient pas plus propres que d'autres à faire le bonheur de la France. On espérait compromettre tous les libéraux dans la personne des semi-libéraux qui avaient fait la folie d'accepter des ministères, sans se faire garantir le pouvoir de bien gérer. Il fallait bien aussi faire quelque concession aux élections qui avaient donné une majorité toute libérale, et que les fusillades n'avaient point effrayées, et puis, ce n'était que gagner du temps.

Cependant le pouvoir qui donne un portefeuille est bien quelque chose; nos ministres voulurent se faire connaître par leurs œuvres; ils eurent assez de crédit pour rattacher à eux les hommes honorables, généralement estimés; M. Hyde de Neuville fut ministre; M. de Châteaubriand accepta une ambassade; M. Villemain rentra au conseil d'Etat, M. Feu trier cessa de favoriser les jésuites dans l'église, M. de Vatimesnil les expulsa de l'instruction publique. On se rappelle les fameuses ordonnances qni jetèrent l'effroi au camp d'Escobar. Une loi de la presse avait ôté au gouvernement l'arme si commode de la censure facultative, les journaux par reconnaissance ménageaient les hommes du pouvoir, celui des Débats était presque ministériel.

M. de Villèle se félicitait de tout cela ; il voyait la cour fâchée, n'osant renvoyer les ministres populaires, et il se flattait qu'elle allait l'appeler et lui rendre la présidence pour modérer cette allure libérale. Il se trompait. Polignac et les jésuites avaient miné son pouvoir et celui des ministres du moment. On força M. de Martignac à retirer sa loi communale et départementale, son enfant chéri, comme une œuvre devenue trop révolutionnaire. Il eut la faiblesse de céder. Dès-lors il perdit l'appui qu'il avait trouvé dans l'opinion, et on ne craignit plus de le chasser ainsi que ses collègues. Ils ne s'y attendaient guère. Le 7 août, le roi les reçut mieux que de coutume, et le 8, Polignac et Labourdonnaye les faisaient regretter.

CHAPITRE XX.

Ministère Polignac.

C'était Rome qui avait conféré au comte Jules de Polignac, le titre de prince, c'était Londres ou plutôt Wellington qui nous l'imposait comme ministre ; ce nouveau favori s'était donné pour acolyte, un réactionnaire digne de Robespierre, et un déserteur ; lui-même il n'avait prêté serment à la Charte qu'avec des restrictions, ce qui ne l'empêchait pas d'être notre ambassadeur ; aussi personne ne fut surpris des clameurs qui s'élevèrent de tous les points de la France contre les sept ministres nouveaux. De ce moment, la dynastie des Bourbons était perdue. Elle se mettait en guerre ouverte avec la nation. L'entêtement de Charles X soutenu par les jésuites, ne pouvait plus céder; la lutte était engagée. L'adresse de la chambre des députés, les élections en deux combats préléminaires où la nation a eu les avantages, les trois grandes journées de juillet ont achevé héroïquement la victoire.

Polignac était ambassadeur à Londres, où il faisait les affaires du grand absolutiste Wellington, il veillait aussi aux siennes, et se servait fréquemment d'une permission que le roi lui avait donné pour qu'il put revenir en France autant de fois qu'il lui conviendrait. Cela n'était guère constitutionnel, mais cela était très-paternel. Le prince commença à faire usage de cette liberté à la fin de la puissance de M. de Villèle, qui à chacune de ces apparitions perdait le manger et le dormir, tant il tremblait pour son portefeuille.

Nous avons expliqué ce qu'étaient réellement les successeurs de MM. Peyronnet, Corbière et compagnie. Pendant ce transitoire, que faisait Charles X ? Il croyait que tout allait en France le mieux du monde ; il disait sa messe, allait en pélérinage au mont Valérien avec son fils chéri, écoutait tout ce qu'on lui disait de la résistance des libéraux à ses ordonnances, s'irritait contre ses ministres qui laissaient attaquer sa prérogative ; il s'emportait et disait tout haut, *je ne céderai pas,* ce qui faisait battre des mains à la *Qnotidienne,* à la *Gazette,* et au *Drapeau blanc.* Un jour il signa les ordonnances qui instituaient un nouveau ministère.

MM. de la Bourdonnaye et de Polignac étaient les deux membres les plus influens de ce nouveau conseil ; ils se brouillèrent, ils faillirent se battre ; malheureusement, ils ne se tuèrent ni l'un ni l'autre ; n'importe, ce fut toujours pour la nation un instant de repit. Le prince romain, inspiré par son ami intime M. de Latil, voulait gouverner par le moyen et au profit de la congrégation ; le véhément La Bourdonnaye voulait faire du despotisme pour son compte et non pour celui de quelques abbés.

On fit une neuvaine à Sainte-Geneviève pour attirer, par l'intercession de la sainte, les grâces du ciel sur le ministère. M. de Polignac ne manquait pas de se rendre chaque jour à ces pieuses cérémonies; M. de la Bourdonnaye n'y parut pas une seule fois. C'était un homme infâme, il fut destitué.

Bientôt après, réunion des chambres, attitude ferme et adresse hostile de la part des députés. Le roi ce jour-là alla à confesse, communia deux fois, dit la messe pour son compte, embrassa son fils chéri, et, le chapeau sur l'oreille, dit : *Je ne céderai pas*. Les chambres furent prorogées.

Mais cette courte Session avait suffi pour faire connaître aux ministres leur faiblesse. Il n'y avait plus parmi eux un seul homme de tête. On comptait bien sur Bourmont l'Africain revenant victorieux, mais les circonstances ne permettaient pas d'attendre. Que ne fit-on pas alors pour rappeler M. de Villèle ! il serait revenu sans doute si on eût voulu lui laisser la direction des affaires , mais on lui dictait des lois ; on lui imposait certains actes qui avaient besoin de son appui. M. de Villèle aime beaucoup le ministère, mais il n'a aucun goût pour le martyre et il doutait de la victoire.

On trouva un homme qui ne douta de rien. Peyronnet revint sur l'horizon , le ministère fut complet ; on se crut fort, on nargua les libéraux , Charles X jeta sur sa bonne ville de Paris un regard satisfait, il aperçut près de lui M. de Foucauld et Raguse. Il dit deux fois dans la même journée : *Je ne céderai pas.*

Dissolution de la chambre, intervention inutile et déshonorante de l'autorité royale , nouvelles élections pires que les premières, joie de la nation, rage des absolutistes ; cette   le roi hésita avant de dire : *Je ne céderai pas.* Car il avait compté sur la victoire d'Alger, sur sa proclamation, sur l'amour de son peuple et il voyait que tout cela ne lui réussissait

guère. Il commençait à craindre qu'on ne
le fît marcher vers la révolution qu'on lui
montrait toujours du côté des libéraux
comme un croquemitaine. Charles X avait
peur; mais on le rassura en lui disant qu'il
suffirait de quelques gendarmes pour que
tout rentrât dans l'ordre.

———

CHAPITRE XXI.

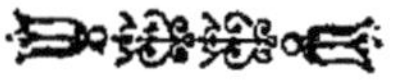

LE 25 JUILLET.

L'homme le moins éclairé, sans nulle instruction, l'homme du peuple qui juge de tout par les seules inspirations de sa conscience et du bon sens, ne peut, sans sourire de pité, soutenir la lecture du fameux rapport qui précède les ordonnances du 25 juillet.

Pour qui l'a vu sans prévention ; cet autre vieil enfant, le duc d'Angoulème était l'idiotisme personnifié. Ce regard terne et fixe, cette allure vague, cette démarche dégingandée, tout annonçait

dans ce prince le type du bigotisme et de
la stupidité.

Charles X, depuis son retour inespéré
en France, avait une cour, un conseil à
lui ; il était dans un état permanant d'ob-
session ; il ne conservait avec son frère
que des rapports de convenance. Tant
que vécut Louis XVIII, la contre-révolution, devenue l'idée fixe de la société
du pavillon Marsan, n'était qu'une ab-
surde théorie ; mais depuis la mort du
duc de Berry, elle avait pris une consis-
tance réelle : cet événement fatal avait
hâté la décrépitude physique et morale du
vieux roi.

Charles X n'eut jamais que le titre de
roi ; le gouvernement de fait siégeait au
pavillon. Le jésuite Janson était roi de
France ; la congrégation se partageait tous
les emplois, toutes les charges.

Les trésors et les armées de la France
étaient aux ordres de tous les oppresseurs
des nations. Les rois de Sardaigne, de
Naples, le féroce usurpateur de Lisbonne,
consommèrent la ruine et l'asservisse-

ment des Piémontais, des Napolitains, des Espagnols et des Portugais. Plus de ressource, plus d'asile pour les défenseurs des peuples. L'Europe va retomber dans la barbarie du moyen âge, si l'on peut étouffer la liberté dans son berceau.

L'œuvre est consommée à tout jamais, si la France subit le joug de l'absolutisme : engagés par le serment de leur initiation, jésuites, et jésuites dévoués, nos rois comme le plus humble des frères, feront tout pour servir la conjuration sainte, ils croiront que leur salut est à ce prix, ils laisseront faire.

Le coup d'Etat projeté avait pour but l'abolition de la Charte, pour moyens d'exécution et pour garantie de succès, les baïonnettes des régimens de ligne, de la garde royale, et l'artillerie de Vincennes.

Le saint zèle de Charles X et de son fils ne restaient pas sans récompense. Le père changeait contre une calotte de cardinal la couronne royale qu'il cédait à son bien aimé-fils.

Il fallait un préambule aux ordonnances d'abolition. Le duc d'Angoulême
avait reçu de ses supérieurs religieux un
faiseur plein de zèle et de talent ; M. de
Chantelauze venait d'entrer au conseil et
de prendre les sceaux des mains du bonhomme Courvoisier, espèce de demi-dévot qui avait livré à la congrégation ses
enfans, mais non pas sa conscience.

Le coup d'Etat médité dans les conférences du pavillon Marsan n'était plus un
mystère. Des pairs de France, d'anciens
ministres, de vieux royalistes qui avaient
suivi les princes dans leur exil et combattu pour eux dans la Vendée, tentèrent
souvent, mais toujours en vain, d'éclairer Charles X ; il ne pouvait plus les
comprendre, et ne savait que répondre ,
Je ne céderai pas.

Arrive le moment décisif ; la Providence veille encore sur le malheureux
vieillard ; il paraît frappé par un éclair
de raison : les ordonnances sont là et
n'attendent que sa signature ; il n'y a
qu'un instant que la voix de son confes

seur Janson frappait encore ses oreilles :
Plus de Charte ou point de salut. Le duc
d'Angoulême répète avec toute l'exalta-
tion du fanatisme les paroles si puissantes
du révérend.

Charles X est là, immobile, muet....;
se couvrant le visage de ses deux mains.
Au nom du ciel, de la religion , du salut
de son âme, son fils le presse; le vieillard découvre sa figure, sa main saisit la
plume que lui présente humblement le
ministre Chantelauze; les trois signature
sont tombées sur les fatales feuilles, et
sont bientôt suivies de celles de tous les
membres du conseil.

L'heure des vêpres a sonné, et Charles X
se traîne à son prie-dieu sans songer à ce
qu'il vient de faire; il ne voit qu'un ciel
serein, sans nuage, et la foudre va briser
son trône.

La faction n'avait point considéré les
signatures royales comme un obstacle;
elle savait bien que Charles X n'avait
point de volonté : aussi tout avait été disposé d'avance.

On s'attendait à des murmures, à des cris, à quelque résistance peut-être : cette résistance n'effrayait point ; on avait même pris des mesures pour la provoquer. Il fallait bien un prétexte aux *rigueurs salutaires*, au grand exemple de justice qui devaient être le préambule de l'événement.

Une cour martiale était organisée ; l'ordonnance qui réglait ses expéditives attributions et le choix de ceux qui devaient les exécuter, était toute prête, les listes de proscription étaient toutes faites; des *précautions* étaient prises contre le prince chef de l'autre branche de la dynastie.

Dans la soirée du 25, on amusa beaucoup le vieux roi de l'agréable surprise qu'il avait préparée aux Parisiens pour le lendemain ; la mystification était complète, délicieuse.

Nota. Nous empruntons en entier ce chapitre à une brochure nouvelle, la meilleure qui ait encore paru sur les circonstances actuelles et l'histoire des trois jours; elle a pour titre : Causes secrètes de la conjuration royale et ministérielle contre le peuple Français.

CHAPTRE XXII.

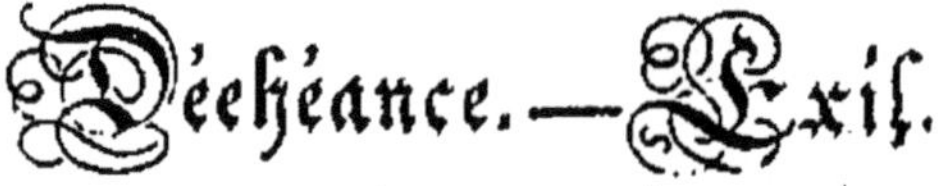

CHACUN sait et les ordonnances et les combats de Paris. Les journaux ont tout rapporté les premiers ; la victoire du peuple ne manque pas d'historiens. Toutes les plumes que la tyrannie voulait vouer au silence s'empressent de payer leur dette aux vengeurs de la liberté.

Tandis que l'on mitraillait Paris par ses ordres, Charles était à Saint-Cloud ; après deux jours de carnage, ne se voyant pas le plus fort, il voulait traiter avec les vainqueurs, puis il voulait abdiquer, enfin il apprit sa déchéance. Il eut d'abord envie de faire rentrer les troupes dans sa capitale et de mitrailler de nouveau sou peuple ; mais il lut sur le front de ceux qui l'entouraient qu'ils n'avaient plus envie de se battre contre leurs frères. Sur ce le dauphin dit à Marmont qu'il était un traître. Le *Gueusard*, riposta au vainqueur du Trocadero en lui disant qu'il n'était point un brave.

Il fallut cependant quitter Saint-Cloud que Paris menaçait ; on en partit le 31 juillet de grand matin. On alla d'abord du côté de Chartres, on espérait encore; mais partout des drapeaux tricolores et peu de sûreté pour les cocardes blanches.

Charles X fit demander alors un sauf-conduit, des commissaires furent envoyés, mais nouvelle incartade excitée par la duchesse d'Angoulême, on décida un instant qu'on resterait à Rambouillet. Tout Paris sait quelle fut la suite de cette résolution. Le roi ne demandait pas mieux que de livrer là une horrible bataille; mais les officiers parurent craindre que leurs soldats ne refusassent de tirer, il fallut accepter la sauve-garde des commissaires envoyés et fuir devant le peuple que l'on avait si impudemment insulté.

C'est vers Cherbourg que se dirigea lentement la famille royale. Quelques villages de Normandie manifestèrent des sentimens qui la firent de temps en temps presser le pas. Lorsqu'on y arrive, Louis-Philippe I était roi, Charles X était oublié. Il n'est pas inutile toutefois de montrer comment ce roi déchu savait supporter le malheur et quels pouvaient être ses sentimens à l'aspect d'une grande infortune. Un récit détaillé que nous tirons du *Globe* en pourra faire complètement juger; nous nous interdirons toute réflexion.

M. de C., le plus riche de tous les habitans de l'Aigle, et possesseur d'un beau château, fut averti par les autorités que Charles X devait se rendre le lendemain de Verneuil à l'Aigle, et qu'il y passerait la journée. M. de C. partit alors pour Verneuil, afin de s'informer de ce qu'il avait à faire. Il se fit donner des instructions par le maître d'hôtel M. Hocquart; auparavant il avait eu une conférence avec les commissaires chargés par le gouvernement d'accompagner le roi. Il revint chez lui pour faire les dispositions nécessaires dans le château. Il destina à Charles X un appartement composé d'un salon, d'une chambre à coucher occupée ordinairement par madame de C. la mère, et d'un grand cabinet de toilette propre à placer un valet de chambre. On destina pour le reste de la famille divers appartemens dans d'autres parties du château. Pour la suite on disposa des matelas et de la paille dans les pièces non occupées et dans les corridors. Le maître de la maison, sa jeune femme, son enfant et la nourrice, et enfin madame de C. la mère, se réfugièrent dans deux pièces occupées ordinairement par la femme de charge. On fut obligé de s'en contenter pour chambre à coucher, salon, salle à manger, cuisine, etc. Il est bon de savoir que, d'après les instructions du maître d'hôtel, on avait donné des appartemens séparés pour la duchesse de Berry et madame de Maillé, qui accompagne la princesse ; le dauphin et la dauphine, madame de Gontaut avec le duc de Bordeaux, mademoiselle de Berry avec sa gouvernante, etc.

A 7 heures du matin arrive M. Hoc—
quart, avec un monde d'officiers de bou—
che, de cuisiniers, de marmitons, avec
des fourgons remplis de vaisselle, d'ar—
genterie, d'ustensiles de toute espèce,
comme aux jours des voyages de cour. Il
veut connaître sur-le-champ les dispositions prises pour les logemens. Conduit
d'abord à l'appartement du roi, il tra—
verse le salon pour entrer dans la chambre à coucher. C'est alors qu'il se retourne
solennellement vers M. de C... : « Monsieur, s'écrie-t-il, il est impossible que le
roi couche ici ! — Comment donc, monsieur, c'est la plus belle chambre du
château, la seule que j'ai crue digne du
roi, et je la lui ai destinée : c'est celle de
ma mère. — C'est fort malheureux : il
est impossible que le roi couche là. »
M. de C... regarda le maître d'hôtel d'un
air tellement stupéfait que celui-ci se
dépêcha d'ajouter : « Monsieur, l'étiquette s'y oppose formellement : le roi
ne peut coucher que dans une pièce der-
rière laquelle s'en trouverait une autre

assez vaste où puissent se tenir pendant la nuit les gens de service. Il est impossible de se soustraire à cette règle indispensable... Monsieur, je ne vois qu'un moyen, ce serait de passer dans le salon le lit du roi, et d'en faire la chambre à coucher. — Faites, monsieur. »…. Et aussitôt de démonter les lits, de détacher les amples et riches draperies, les ornemens, de transporter les différens meubles, une glace qui se trouvait au fond du lit. On les place dans le salon. On perce les boiseries, des clous y sont fichés ; malheureusement le dégât fut grand : les choses se firent comme elles se faisaient sans doute à la cour. Les autres dispositions furent trouvées bien. Après avoir organisé ce qui concernait le logement, le maître d'hôtel s'occupa d'installer son monde dans les cuisines. Tout fut envahi, et ils s'y prirent si bien, qu'il ne se trouva pas un fourneau pour préparer le dîner des maîtres de la maison. Au milieu de ses grandes occupations, M. Hocquart fit appeler M. de C., et d'un air

effaré. « — Monsieur, je suis au désespoir. — Monsieur, si je puis vous être
utile à quelque chose, disposez. — Ah !
monsieur, je suis un homme perdu. Ah
mon dieu ! Ah seigneur ! — Mais de quoi
s'agit-il. — Monsieur, j'avais emmené
vingt cuisiniers de Rambouillet. Croiriez-
vous bien que ces malheureux nous ont
successivement abandonnés, au point qu'il
ne m'en reste maintenant que onze. Que
puis-je-faire? Que vais-je devenir ? il
m'est impossible de me tirer d'affaire avec
onze cuisiniers. Monsieur, je vous en
supplie, si vous voulez me sauver, faites
en sorte de me faire trouver vingt-cinq
femmes de la ville pour servir d'aides de
cuisines.—Monsieur, qu'à cela ne tienne:
je vais tâcher de me procurer vingt-cinq
femmes. On se met en campagne, et les
vingt-cinq femmes sont amenées. M. Hocquart, calmé, fait dire à M. de C. qu'il
lui faut deux tables : l'une de vingt-cinq
couverts pour le service, l'autre de huit
pour le roi. La maîtresse de la maison
s'empresse de faire mettre à sa disposition

les deux tables. Nouveau message de M. Hocquart à madame de C. « Madame, dit-il, la table de 25 couverts est fort bien. — Monsieur, j'en suis charmée.—. Mais celle du roi ne peut convenir. S. M. ne peut manger sur une table ronde. L'étiquette s'y oppose, et cette infraction serait sans exemple : il n'y faut pas penser. — Monsieur, j'en suis au désespoir... Personne, depuis long-temps, ne fait usage d'autres tables; je ne possède que celle-là.—Madame, c'est un grand malheur, car enfin le roi ne peut manger sur une table ronde. — Monsieur, je ne puis mettre à votre disposition que ce qui m'appartient. Madame de C. ne se montrant pas autrement disposée à entrer dans les douleurs du maître d'hôtel, il fallut se résigner, et pour la première fois, depuis Louis XIV, un roi de France a mangé sur une table ronde. Qu'on juge du reste. »

Les Membres de la famille royale arrivèrent à midi, dinèrent avec l'étiquette de rigueur, et on voyait le faste ridicule qui présidait au repas; on ne se serait guère douté que ceux qui y prenaient part étaient rejetés du sein de leur patrie. Le lendemain, on repartit pour Cherbourg, et les journaux de samedi dernier annoncent que **LES BOURBONS** ont revu pour la seconde fois le sol de l'Angleterre. On ne sait pas encore où ils iront cacher leur triste existence.

FIN.

www.ingramcontent.com/pod-product-compliance
Ingram Content Group UK Ltd.
Pitfield, Milton Keynes, MK11 3LW, UK
UKHW021227140726
13695UKWH00002B/803